AF417400

www.ingramcontent.com/pod-product-compliance
Lightning Source LLC
Chambersburg PA
CBHW030316160726
47992CB00005B/2037

9 789948 748687

محمَّد زين العابدين القاعوري: سودانيُّ الجنسيَّة، مِن مواليد دولة الإمارات العربيَّة المتحدة 1981م.

درسَ المرحلة الابتدائيَّة والمتوسِّطة في الشارقة، ثمَّ درسَ المرحلة الثَّانوية في الخرطوم.

وهو مُهندس حاسوب مُتخرِّجٌ في جامعة المستقبل بالسّودان، ويحمل شهادة الماجستير في إدارة الأعمال من جامعة العلوم الطبيَّة والتِّكنولوجيا في السُّودان.

يحبُّ الكتابة ويعشقُ الشِّعرَ الفصيحَ، وقصائدَ اللَّهجة المحكيَّة.

الإهداء

أهدي هذا الكتاب:

إلى والدي – رحمهُ الله.

وإلى الأستاذ والمربّي الفاضل:

زين العابدين إبراهيم أحمد القاعوري.

وإلى الشَّعب السُّوداني والثَّورة السُّودانيَّة.

رحمَ اللهُ شهداءَ الوطن، وأسكنَهم فسيحَ جنَّاته

مع الصِّدِّيقين والشُّهداء والصَّالحين.

محمد زين العابدين القاعوري

دموعُ النّيل

AUSTIN MACAULEY PUBLISHERS

LONDON • CAMBRIDGE • NEW YORK • SHARJAH

يا موطنَ شعب النيل الأسمَر!

بكُلِّ لغاته وفنونه وعاداته الأندر..

يا شعبًا سطَّر التاريخُ له وأجدر!

وعرفَ الجمال في شعبنا الأخضر

ورفعَ رايةً في الوفاء عهدًا ومَنبر..

وعلَّم الأخلاق حسنًا في العالَم وأبصر

مَن نحن؟

نحن السودانيون، شعبٌ طِيبه يُذكَر

نحن الكوشيون، ملوك القلب والمظهَر

نحن الصوفيون، أهلُ السُّنَّة وطِيب المعشر

نحن المغردون، ألحانُنا سلمٌ يُطربُ ويُبهر

نحن المزارعون، أنعمَ اللهُ أرضَنا وأعطَر

نحن سلَّة غذاءِ العالَم، وقلبُه المثمِر!

غنّوا لنا..

فليحفظِ اللهُ أرضَنا وشعبَها الأسمَر

ونعمّر الأوطانَ وننسى الأحزانَ ونكبر

ولأرواحِنا بالسِلم نرضى، ولكسرِنا نجبر

بيضٌ صنائعِنا؛ لنبنِها ونعمل ونطهر..

ويزورُ سوداءَنا كُلُّ أهلِ الأرض والمهجَر

وعلى ضفاف نيلنا أعلامُنا ترفرفُ وتنصر.

****

يَا زَهْرَةَ الخُرطُومِ

آلَمَنِي مَن خَطَفَكِ

أَنَا المُوَاطِنُ المَهمُوم

مَغْلُوبٌ عَلى شَرَفِك

تَبَدَّدَ عِطرُكِ المَشجُون

وَتَغَيَّرَ عُودكِ وطَرَفك

وزَاحَ رُبعُكِ المَحزُون

يَبْكِي مُوَدِّعًا سَقْفك

طَلْقٌ وحَرْقٌ وهمُوم

وإنْسَانٌ خَوفهُ عَصَفك

رِيحٌ ودُخَانٌ وسُمُوم

تَشكِي قَتِيلًا سَكَنكِ

بَعْثَرَ ثَرَاكِ المَجنُون

وزَادَنا حَرْبًا وقَصَفك

وغَابَ جَمَالُكِ المَفْتُون

والعِيدُ غَدًا كَفَنَكِ..

يَا دُرَّةَ الخُرطُومِ!

مَن يَا تُرَاهُ قَصَمِكِ؟

بِالأَمْسِ كُنَّا نُنَوَّم

عَلى حُلْمٍ يَتَنَسَّمك..

كَم ثَار مِن مَغْبون

لِصُبْحِك وشَمْسِك!

وعلى نِيْلِكِ المَقْرُون

تَعَاهَدنا عَلى شَرَفِك

فأَجِبْنَا: مَن نَكون

بِلا خُرطُومٍ في بَلَدِك؟!

مَا ذَنْبي والحُروب؟

مَا ذَنْبي

كي يُقْتَلَ إِخْوَتي مَعَك؟!

ومَا قِصَّةُ الكُرْسِي والشُّعُوبِ؟!

وهَل يَا تُراهُ يَنْفَعك؟!

أَخَرَابُ البيُوتِ

شَيْطَانٌ يَغْوِي مِدْفَعَك!

وكُلَّ يَومٍ أَسْمَعك..

وأَسْمَعك..

ويُرَدِّدُ القَلْبُ خَوْفًا

مَعَك!

فَما مَعْنَى الوُعود

وفِي عَيْنَيْك

سَرابٌ يَدْفَعك؟!

ألا تَرى كَم مِن

قعودٍ..

وَأطفال

ونساء

قَد لا تَصِلُ مَعك؟!

ألا تَرى الحَربَ شرًّا

لَن تَزِيدَكَ ولَن تَرْفَعَك!

سَيَذكُر التَّاريخُ

أجْيالًا لَن تَشْفَعَك..

ويَعُودُ السَّلامُ بأناسٍ

أَبَدًا لَن تَسْمَعَك

فَلِمَ تُمَزِّقُ وَطَنًا

لِجَاهِلٍ أَفْزَعَك؟!

مَن أَقْنَعَك؟

ولِمَ تُقَطِّعُ بَلَدًا

بَلَدًا أَحْسَنَ وعَلَّمَك ؟!

يَا وَطَنِي السُّودان!

يَا وَطَنِي الحَبِيب!

قَد جَارَ الزَّمَانُ

وابْتُلِينَا فيك

هَيَّا بِنَا نَبْدَأ

ونَصْفَح مِن جَدِيد

بِإِرَادَةٍ مِن حَدِيد

ونفُوس تَطِيب

سَيَعُمُّ السَّلامُ

ويَعلُو النَّشِيد

شَوقًا لِمُنَاجِيك

وسَلامًا لأَعَالِيك!

فَهَيَّا بِنَا مَعًا

نُصْلِح مِن جَدِيد

بِأَيَادٍ مِن حَدِيد

نَبْنِي ونُعِيد

نَعْمَل ونُجِيد

لسُودان مَجِيد

لِغَدٍ يُنَادِيك

وأَجْيَالٍ تُشيدُ بك.

****

يا دُرَّةَ حياتنا، يا ستَّ الهنا!

يا فرحةَ دنيتنا وأبانا وأُمنا

يا الشايلانا في فرحنا وهمنا

ننساكِ كيف يا الدايمن جمبنا؟!

ونلقاكِ وين يا زينة أهلنا؟!

يا أَمَّننا وعِزَّنا وأُختَنا وأُمَّنا!

يا بنتَ الزين! يا الرَّافعة اسمَنا!

يا ملاكَ البيت النازل مِن السَّما!

لو كتبنا لِيك حنقعد كم سنة؟!

وما حنوفي حتَّى الكلام لو اترمى

تكفينا ضحكتك ولمتك وسطنا

الله يحفظك لينا يا أَمَّنا وأُختنا.

****

دَه الفرحة ما سايعانا

ما الفرحة بيك بتكبر

والدمعة في عنينا

يا حبيبنا لازم تعبر

معقولة تسيبنا وتخلينا

والناس تزغرد وتصفر

وقاعدين نحن والحولينا

راجينك يا حبيبنا تظهر

دلعنا وعبرنا وطارينا

خلي فرحتنا بيك تكتر

مبروك عليك وعلينا

يا عريسنا يا حبيبنا يا أسمر.

****

تعالَ نتذكَّر أيَّامَنا ونسهَر

أيَّام قلبي وقلبك

مشغول البال

أيَّام الحُب في صباحه يبكر

ويتغزَّل فينا

ويَزيدنا من الدَّلال..

أيَّام نتلاقى ساعة ونتأخَّر

وعيونها تحنّ

والشَّوق يختال

والكلام الفينا نقوله ونسمر

ويفضفض فينا

حب وخيال

والواحد فينا يرجع يتذكَّر

شنو قال قلبو

وليه ما قال

ونرجع تاني والوفا يكتر

شَوق ومودة

صِفا وجمال

والروح الي فينا لِيك تزهر

تتمنَّى قربك

في كُل حال

والدنيا معاك يا أسمر

حلوة في طعم الوصال.

****

ليه تقول إن الزمن قادر ينسينا

والفراق يا هو كل يوم يعذِّب فينا

نتذكَّرك..

ونتمنَّى من قلبنا أنَّك تكون طارينا

وتفرح روحنا وتنسى العتاب وتواسينا

بنهواك!

ومعاك بننسى الدُنيا وكُل الحوالينا

وبنشتاق لجمالك وكمان كلام عنينا

بنريدك!

يا غالي ومُنانا نراضيك وتحنّ وتراضينا

وتعود أيامنا معاك وتحلا بِيك ليالينا

****

يا سمرا!

كيف يطول البال وجمالك غلبني؟

وفي عيونك بميل والشوق بيملكني!

كم مرَّة في اليومِ خاطري يشغلني!

وأسمعُ قلبي ينادي: يا عاشقُ، قرّبني!

يا سمرا!

يا وردةَ حناني وقلبي التاعبني..

محتار معاك وجمالك ساحرني

روحي فِداك.. وريدي ليك القاتلني

أنا بهوالِ مهما تكون باعدني..

يا سمرا!

وحياة غلاوتك حُبي ليك آسرني

بخاف جفالك وبخاف عيونك تفارقني

يا سمرا، ما كفاك!

ما تسمحي لقلبك يوم يعاتبني!

****

وحيدةٌ تبكي

على وطن يَئِنُّ، ويشكِي

خُرطُومها وأمُّ دُرمَانها

وبَحري..

تحنُّ وترثي

أبناءَها وأرضَها

ومِن فِعلهم تهذي!

بعيدةٌ تبكي

وطنًا نارُه في الجوف

الظلم والتشظِّي..

عانَت وضاعَت

أحلامها تُسدي

لا نامت عيناها

ولا ليل عندها

يشفي..

فالحربُ في أذنيها ألمًا

تصدي..

فتركت بيتها خوفًا

تمشي..
وفي حدود الأوطان
هربًا
تصبح وتمسي..
وما عادت الخُرطوم
دارَها
وما عادت هي تدري
أي حضن يضمُّها!
وهمُّها يزيد ويُبكي..

****

شـوقي ليهـا زاد

حـدَّ الجنـون

بـشتاق لحلاتا

وجمـال العيـون

أبعد منهـا كيف

وكيـف أرضى أكـون؟!

بعيـد منها ومن قلبها

الحنون!

يا سلام عليها

وعلى خفَّة دَمِها

ودلالهـا

وحلَّات السنون

طيبة ورقَّة وخيال

لأبعد ما يكون

نجمة في الأعالي

ضيها يزيد شجون

حبّها جواي

أحلّى ما يكون

بحبّها موت

وقلبي بيها مفتون

ستّ البنات

وحسنها المزيون

الله يحفظك

يا قمرة سمانا

والكون!

****

أَسَائِرَ الزَّمَانِ أَنتَ أَمْ عَاشِقَ الأَحلام؟

دُلِّينِي أَنْتِ، مَن أَنَا وَفِي أَي زَمَان؟!

كَيفَ حَالُك؟
لا أَدْرِي بَيْنَ تَائِهٍ وَحَيْرَان أُصبِحُ
وكَيْفَ أُمْسِي قَلِيلَ المَنَام!
أَبحَثُ عَن نَفسِي
بَيْنَ ضَائِعٍ وَمَنسِيٍّ فِي بَحرِ الأَيَّام
يَلطِمُنِي بِالمَاضِي وَيَسجنُنِي فِي الحَاضِر
يُشْجِينِي بِحلمٍ هُوَ عَلَيهِ قَادِر..

هَل اشْتَقت؟
عَلى بَحرِ الشَّوْقِ نَتَغَنَّى!
يُشْجِينَا مَعَهُ سَلامًا مُهَنَّى
عَلى شَطَّيهِ نُنْشِدُهُ وَنَتَمَنَّى
سَلا الرُّوحَ..
نَسأَلُهُ وَيَسأَلُنَا!

رَاسِلْهَا!

رَاسَلْتُهَا وَكَلَّمتُهَا فِي خَيَالي

رَدُّهَا سَابَقَني بِشَوقِهَا الغَالي

تَذَكَّرنَا ضَحِكَ أَيَّامٍ وَلَيَالي..

هَفَوتُ وغَفَوتُ قَرِيرَ البَالِ

رُوَيدَك! مَا بَالُك؟

لَا أَدري

وَلَكِنِّي أَعْشَقُ الأَحلام

أَثِرِيني فِي عَالَمٍ بَعِيد

أَرَى نَفسِي إِنْسَانًا جَدِيد..

لِلجَمَالِ فِيهِ مَعَاني

أُسمِعُهُ كَلَامِي وَأَلحَاني

يَرَاني

وَيَرَى وِجدَاني..

لَا فِيهِ شَوقٌ وَلا تَأنِيبُ

لَا عِشقٌ وَلا حَبِيبُ..

أَيَا سَائِرَ الزَّمَانِ!

أَنْتَ الرِّيحُ سَلامكَ..

والبَحرُ مَكَانك..

والشَّوقُ كَلامك..

الوُدُّ دَرَجَات

وللحُبِ قدَرَات

هِي رِحلةٌ

لَن تَعِيَها فِي الغَالِب!

بِدَايَتُهَا ونِهَايَتُهَا فَصلٌ غَائِب..

سَتَعْشَقُها!

طِفلًا، وشَابًا وشَائِب

وَفِي جَمَالِها سَتُغَالِب!

كَيفَ لا؟

وحُسْنُهَا فِي قَلْبِكَ الكَاتِب

صِدْقًا مِن عَيْنَيكَ شَارِب

قُربًا وفِرَاقًا

فِي الحَالَينِ مُحَارِب

سَتَعْشَقُهَا..

وتَسْأَلُهَا عَن مَاضٍ

كُنْتَ فِيه أَنْتَ غَائِب!

سَتُحَاسِب

وتُعَاتِب

فَأَنْتَ العَاشِقُ التَائِب!

وسِحْرُ عَيْنَيْها ذَنبٌ كَائِب..

سَتُحِبُّها وَتَكْرَهُهَا

ظَنًّا مِنكَ أَنَّكَ الغَالِب

فعَقلُكَ عَن قَلبِكَ حَاجِب!

سَتُحِبُّها وتَعْشَقُهَا

رِفْقًا وعِتْقًا

لإِنْسَانِكَ السَّائِب!

لَا تَكْرَه

كُن صَادقًا!

فَالحُبُّ عُنْوانٌ في بَحرِنَا غَريق

لَا يعرفُ مُنتَهاهُ عندَنَا إلا العَتِيق

كَنورِ شَمسٍ في ظُلمَة الطَريق

كَلِمَاتُهُ فِينَا تَرُدُّ الحَبِيبَ والطَلِيق..

يَا مَن تَسمَعُني!

أنا صادقٌ!

سَأَرسِمُ خَارِطَةً لكَ

للطَّريق..

مُنتَهَاهَا مِنكِ وإلَيك

بَريق!

سَأَشُدُّ حُبَّكِ مَعًا

كالرَّوق

وأَسبَحُ لِعَينَيكِ حُضنًا وشَوْق..

ماذا اختَرت؟

أَحلام سِنِين وأَيَّام ولَيَالي

والقَلبُ عَليكِ يَزِيدُ ويُغَالي

مَا بَينَ نَارِ شَوقِ المُحتَارِ

وبَينَ بَحرِ الحُبِّ المُختَارِ

أنتِ اختَاري

بَحري أو نَاري

أَعَاشِقٍ الدَّوا أَم الهَوى؟

ضَاعَ الهَوَى!

والقَلبُ انكَوَى بِعِشقٍ بِلا دَوَا

هَل يَا هَوى

جَمَال العَينَينِ ترى؟

واللِسَان وَمَا حَكَى

وحِينَ سَمعني شكَا!

أيَطِيبُ الجرحُ نَجوى

وَبُكَاء الحَكِيمَةِ سَلوَى؟!

ضَاعَ الهَوَى!

والقَلبُ انكَوَى بِعِشقٍ بِلا دَوا

وَبعدَ سِنِين الهَوَى

أَترى رَقصَ النَّدَى؟

كثَلجٍ أبيَض سَمَا

ضَحِكَ عِتَابًا وبَكَى

وَسَقَى فِرَاقِي وَرَقَى

ضَاعَ الهَوَى!

والقَلبُ انكَوَى بِعِشْقٍ بِلا دَوَا..

ذِكرَى القَمَرِ والصَّفَا

وَالعِطرُ كُسِرَ وَسَرَى
وعَاش سِحرُكِ في السَّمَا
كَهَمسَةٍ لِعَاشِقِ الدَوَا
ونَسمَة لِزُهُور الهَوى

ضَاعَ الهَوَى!
والقَلبُ انكَوَى بِعِشقٍ بِلا دَوَا..
أَيَطِيبُ الجرحُ سَلوى؟
ودُعَاءُ الحَكِيمَةِ دَوَا!

هُوَ العِشقُ يَا إِنسَانُ!
يا إِنسان، لا تسَألِني
لَن تَعرِف الأَمَان
هو السُّلطَان
إِن تَكَلَّم أَدَان!
وإِن أَذَلَّ أَهَانَ..
هُو العِشقُ يَا إِنسَانُ!

إِن أَحبَبتَ قَلبَها

فَلَن تَجِدَ فِي قَلبِكَ لِغَيرِها مَكَان

فَسَرَابُها يَسكُنُ عَينَيك جِنَان

فَعِش دُنيَاك

حُبًّا واتِزَانا

حُلمًا وزَمَانا

ودَعِ العِشقَ تَهجرهُ الأَيَّام!

أَتَعرِفُ الحُبَّ؟

لِلحُبِّ عَلَينَا فِي جَمَالِهَا وَقفٌ

سَلامٌ وتَحِيَّةُ أهل إعجَابِ

مَن مِنَّا يَرى القَمَرَ عَن قُرب

وَلا يَشرَب ضِيَاءَه الغَلاب؟

هِي وَردَةٌ فِي ثَوبِهَا المَنقُوش ذَهَبا

بَينَ الحضُور تَزهُو بِنَا أَحْبَاب

كَلامُهَا عطرٌ وَوَصفُهَا بَاب

يَمُرُّ بِه سَماعُ المُفرَدَة شَبَاب

وَفِي وَجهِهَا أصلُ الرَّبَاب

يَسْرِي جَمَالُها عِنَبًا وعُنْقًا فخِصرها خَلَّاب

وَفي قَوَامِهَا كَأنَّهَا العُقَاب

يَجنَح بنا الضَّحِك والسَّمَر والرِحَاب..

سَلامٌ مِن أَهْلِ الحُبِّ مَنزِلةً

سَلام المُحِبّ صِدقًا للأَحْباب!

أَتَعرِفُ الزَّهر؟

مِن بَينِ زهُور العشق تفوحُ عِطْرا

وَجَدتُها تَزيد الحُب سُكرا

عِطْرُ شَفَتَيْهَا أملَس عَنبَر

يَزِيد القَلبَ شَوقًا وَطَرا

أَحبَبتُ إنسَانَها وقَلبِي دَرَى

وَطَلبتُ قُربَها قُرَّةً أَرَى

سُودَانية كَحِيلةُ العَينَين ترى

سِحرُهَا عِند العَطَّارِ لا يُشتَرَى

كَالصَّندَل في المُقلة سَرَى

أَتَعرِفُ الدَّمعَ؟

هيَ دَمعَةٌ نَزَلَت
لِجَمَالِهَا ارْتِسَمَت
لِخَدَّيهَا ضَحِكَت
ولِعَينَيهَا بَكَت!

وَردَةُ العِشق الفَرِحَة..
كَالعِيد.. عِطرًا مُنشَرِحَة
سَأَلتهَا امتَنَعَت
كَيفَ وَإن ضَحِكَت؟!
عُذرًا يَدَيَّ مَا فَرَّقَت
مَاضٍ سَقَتهُ وتَرَكَت

واليَومَ سَأَلت عَن دَارٍ
العِشقُ فِيه لا يُرد
فطَلَبت
وَدَعت
عَفوًا مَا قَصَدت
عِشقًا لِنِيلي فِيكِ حُبًّا صَبَبت
كَبِرتُ وَما عَرَفتُ!

الحُبُّ مَوطِنُه أنتِ وإن فَارَقت

خَجِلت

حَنِينًا لِمَاضٍ فِيكِ هِي عَبَرت

وَحُسنًا لِجَمَالِك رشَقَت

أتعرِفُ الفِراق؟

سَهِرتِني

وسَهِرتِني..

فَمَزَّقتُ أورَاقًا عَنهَا آلَمَتني

سَرَدتُ فِيهَا كَلامَها عَنّي

فَعلَّمَتني

دُنيَاها في خَاطِري

قِصَّةٌ أعجَبَتني

بِدَايَتهَا:

بِجَمَالِها لَفَتَتني

وبينَ نِساء جَالَسَتني

التقَتني

عَيني آنَسَتهَا

وقَلبِي آنَسَني

فَتَنَتِني!

أَضْحَكَتِني!

بِوَصفِها عَن دُنيا حُبٍّ أبعدَتني..

وَبعدَها قرَّبَتني!

وقَرَّبتنِي..

فأَنْسَتني العالَمَ وسَكَنَتني

أحببتُها..

فَمَلَّتني!

وأزعَجَتني!

وَبَعدَها تَرَكَتني..

حِكايةٌ آلَمَتني

سَألتُها فكلَّمَتني

أمسَكِتُ يَدَها

فأحسَستُ بعُصورِ الماضِي أرجَعَتني

بسَلاسِل العِشق ذَكَّرَتني

بمملَكَة الحُبِّ أدخَلتني

أعجَبَتني!

أسعدَتني!

وبكُحلِها أذَهلَتني

وَبِعَينَيهَا وَشَفَتَيها حُبًّا رَاقَصَتني

سَألتُها فَأجَابَتني

وَفِي شَبَابِهَا ذَوَّبَتني

فَعَرَفتُ أنَّ نِصفَ عُمري ما عادَ عندي

قَرَّبتُها مِنّي

وَلَم أبخَل عَلَيها بِمَا عِندِي

فَهي عُمري

وهي نَادَتني..

انتَظَرتُهَا عِندَ الأبوابِ والطُّرُق

وَحَتَّى وإن كَانَت أهمَلَتني!

أدخَلتُهَا عَالمي

وَقَرَّبتُها مِنّي

وَعُذرًا

أخطَأتُ فِي حَقِّهَا، فَسَامَحَتني!

لَم أفهَم مَن تُحِبّ أو حَتَى إن أحَبَّتني!

وَما أجَابَتني!

أزعَجَتني..

لَم أفهَمهَا وَلَم تَفهَمني

وَبَعدَها تَرَكَتني

حَيَّرَتِنِي في خَوَاطِرِهَا

أَنَّبَتِنِي بِحُبِّ مَاضٍ وغَازَلَتِنِي

شَكَتْ لِي حَالَهَا وأَسْمَعَتِنِي

طَلَبْتُها

وقَرَّبْتُها

هربتُ مِن وَاقِعِي وأَنَّبَتِنِي!

سَأَلْتُها إِن هِي يَومًا أَحَبَّتِنِي؟

كَبُرَتْ عَلى حَالِي

وفي عَلْيَائِهَا تَرَكَتِنِي

وَبَعدَ أَيَّامٍ وشُهُور سَأَلتِنِي

وطَالَبَتِنِي

وَذَكَّرَتِنِي بِمَوَاقِف مَعَها شَوَّقَتِنِي

لَم أَفهَمهَا.. ولم تَفهَمنِي!

كَرِهتُ حُبَّها وكَرِهَتِنِي

أَتَعرِفُ الفُؤَادَ؟

إِنِّي أَهَابُ الفُؤَادَ المُعَذَّب

إِنِّي أَهَابُ الحُبَّ المُرَكَّب

فَالقَلبُ إِن صَارَ لِغَيرِي وأنتِ مَعِي

صَارَ الفُؤَادُ كَالجُرحِ المُقطَّب

والقَلبُ إِن صَارَ مَعِي وأنتِ لِغَيرِي

ضَاعَ الفُؤَادُ ومَا تَرَكَّبَ!

هَاكِ صَبرِي!

هَاكِ عُمرِي!

فَالوِجدَانُ عَلى كَلامِك تَأَدَّب

أَتَدرِي أنَّ لِلحُبِّ مَكَارِم؟!

غَزلٌ وشَوقٌ وكُرهٌ مُسَالِم!

أَتَدرِي أنَّ لِلحُبِّ مَفَاتِن؟!

دَلَعٌ ووَلَعٌ ومَحَارِم!

هَاكِ صَبرِي!

هَاكِ عُمرِي!

فَالوِجدَانُ عَلى كَلامِكِ تَأَدَّبَ

خُذِينِي مَعَكِ يَا أميرتي!

إِلى بَلَدٍ أَجَالِسُكِ فِيه

بِغَرَامِهِ وغَرَامِكِ أَرَاقِصُكِ فِيه

أَسبَحُ فِي عَينَيكِ حُبًّا وطَمَعًا

لِتُسَامِرنِي لا تُجَامِلِني

خُذِينِي مَعَكِ يا أميرَّتِي

ولا تَرْسِي بِي إِن لَم تُدَفِّيني

واحْمِيني مِن حُزنٍ قَد يُمَزِّقُني

كَبُعدٍ يَضرِبُ بالقَلبِ كَالمَراسِي

فَقَلبُ المَرءِ في غَزلِ المَسَاءِ

كَالصَّغيرِ بينَ أَنامِلِ النِّسَاءِ

لا يَرضى ولا يَقوَى عَلى دَلَعٍ

يُدمِعُ العَينَين ويُثلِجُ اللِّسَان

سَأحكي لَكِ عَن حَالي في مِرآتِك..

عَنْ حُبٍّ سَكَنَهُ الشَّوقُ في جَمَالِك

سَأُحِبُّكِ يا امْرَأةً

لَعِبَ الرِّجالُ لَهَا الكَرَاسِي

وضَرَبَ الشُّعَرَاءُ لَهَا القُرطَاسِي

وطَرَقَ الأُمَرَاءُ لَهَا النِّيرَان

وبَاتَ العَاشِقُ لَهَا سَهرَان..

وذَلَّلَت مَلِكًا..

فَصَارَ بِتَاجِهِ لَهَا (شَيْطَانْ)!

سَأُحِبُّكِ خَوفًا ووَلَعًا

كَالميزَان

كَالحَيرَان

كَحُبِّ الإِنسَان

أُتحبُّ وَطنك؟

قالت إنَّها تَدري

أنَّ الهَوى مِنها يَجري

يَعبرُ ضِفافَ شوقٍ

مِن أرضِها إلى بَحري

عِطرهُ كَالنَّرجس.. ولَونهُ كالياسمين

وسَلامُه بين المَجدِ والعِزِّ واللِّين

كالشَّجَنِ على غصنٍ رَطبِ

يسبَحُ بين نِيلٍ ووادٍ أخضر

يغنّي: بلادي يا بلادي!

ساعةً وطني في طِيبه بَدرًا

وسَاعةً في شِدَّةٍ صَبرًا

لا شيءَ كَحُسنِهِ للبعيد

ولا وَطنَ غَيرهُ يَهديني الطَّريق

فَرفَعتُ يَدي بين قلبي لرَبِّي له!

يا اللهُ! أجِب رَجَائي لَهُ..

قَالت: أَيَا طَيرًا في حُزنٍ يُدندن!

عُد إِليَّ ولا تُغمغم!

سَأتجلَّى في حُلًى لَك

نورًا في ليلٍ من سُودِ اللَّيالي

ولَن أنسى مِن أينَ أنتَ

لأَذكُرَك في صِدقٍ وحُبّ

فَلا "تأسَ على زمنٍ وَلَّى"

كالثَّرى عَلى الأَناملِ تَدلَّى

قَرّبني إِليكَ

لأُحسِنَ إِليك

وبِيَدي ويَدَيكَ

الـهَوى يَتَحلَّى!

قَال:

سَأحكي عَنكِ إلى أن أموت

سَأظلُّ أحِبُّكِ إلى أن يَعود

فَالموجُ يُحاوِرُنا

والعُمقُ يُشَاوِرُنا

والخَوفُ يُجَاوِرُنا

تَأَكَّدِي أنَّه سَيعُود!

لا تَخَافِي إِن ابتَعدنَا

لا تَخَافِي إِن أطَلنا

خَافِي عَليه إِن افتَرقنا

فالحُبُّ مفتاحُ العُهود

والدَّمعُ مِسكُ الوعُود

سَنَذكُر كَيف بَدَأنَا ولَعِبْنَا وتَعِبنا..

وأطلبُ النُّورَ لِنَسموَ

فِي ظِلال الشَّوقِ مَسمَى!

سَأعبُرُ البُحُور وأطلُبُ العُبُور..

سَأصَوِّرُ اللَّيالي وأرْسمُ الجُسُور..

سَأبعد البَالي وأغرِسُ البذور..

ولِمَجدك سَأبالي.. سَأبالي!

ولِحُبِّك سَأغَالي.. سَأغالي!

تَأَكَّدِي أنَّهُ سَيعود.

وَلكِن لَن أسمَعَ خَبَرًا عَنك!

فَرَاسِلِيني بِالحُروفِ والسَّلام

وعَطِّرِيها مِنَ الخَوفِ كَي أنام

فَلمحَةٌ مِن وَصفِكِ تَكفيني

وَنَسمَةٌ مِن بَحرِكِ تُنسِيني

وقبلة في أرضِكِ تَشفيني

فيا زَهرةَ الفِردوسِ، اذكُريني

يا زَهرةَ الفِردوسِ، اذكُريني.

أتُحبُّ والدَك؟

عُذرًا والِدي!

فَشَوقي إِليكَ صَارَ يُغالي

والقَلب عِندَ ذِكرَاكَ كالبُعدِ الخَالي

قَد تَغَيَّرَ حَالي

وَطَن كَم كُنتَ دَهرًا لَهُ تُغَالي

وأصبَحَ الصَغِيرُ والكَبِيرُ والأجيَالِ

البَعِيدُ والقَريب..

الشَّهيدُ والفَقيدُ..

أحِبَّائي وأشقَّائي..

تَوَحَّدَت بِلادِي: شَرقي وغَربي، جنوبي وشِمالي!

كُلُّ المُدُنِ جِيرَاني..

وكُلّ النَاسِ عنوَاني..

ومَا عَادَت القَبَلِيَّةُ تُكَبِّلُ الإنسَانِ..

وعَلا الهتَافُ في المَواكِب والأَحيَاءِ والمَباني..
والنِّضَالُ في الطُّرُقَاتِ بلا تواني!
والحُبُّ يُزَيِّنُ كُلَّ بُستَانِ
الحُرِّيَّةُ وديَاني!
السَّلام يَدِي ولِسَاني!
العَدَالة هي كُلِّ أركَاني!

مَرحَبًا في وَطَني، فَقد نَضِجَ سُودَاني!
أنتَ مُعلِّمِي ومَدرَسَتي
أنتَ قَلمِي وكِتَابِي
أنتَ شَعبِي، أنتَ كَياني!
وَلَكَ أهدِي سَلامِي.

صِف لي بَلدك!
تَدُورُ الأَرضُ حَولَها
والشَّعبُ حُضْنٌ لَهَا
تُنَادِي بأمجَادِها
وأعرَاقِ أجدَادِها
ونِيل تَغنَّى بها

وَسَمَّارٍ تَغَزَّلَ فيهَا

هِيَ بَلَدِي وأنا رَاضٍ بها!

يا لَجمالِها!

في هَدِير حَمَامِها

وأبواقِ عَرَبَاتِها

وَهَمس أبوابها وَطرقاتها

في مَيَادِينها وَهتَاف أحبَابها

صِغَارها وكبارها

في جبالِها وسُهُولِها

وَبَحرَهَا البَاكي حَالَها

والكُلُّ يَتَغَنَّى لها

عَلى بُستَانِها الزَّاهِي

وتُرَابِها الغَالي

ومجدِها العَالي

والشَّمس تَسكُنِها

والقَمَر يُزَيِّنِها

هِيَ بَلَدِي وأنا رَاضٍ بها!

يا لَحَنَانِها!

في كَرَم أَهَالِيَا

سَمَر وَأفرَاح لَياليها

في أنصَافِهَا وَضَواحِيها

الجَارُ عَازِيها ومُوَاسِيها

والصَّدِيقُ فيها وَافيها

والغَرِيبُ مِنها حَافيها

فِي دَارٍ تُزَكِّيها

الكَبِيرُ بَينَهُم كَافِيهَا

والأُمُّ كُل إنسانٍ يرضِيهَا

الابن والبَنتُ تُراعِيهَا..

ثِمَارُ الأمسِ تَشهَدُهَا

أُنَاسٌ صَدقُوا عِزَّتها

سَألُوا الله عِفَّتها

واليَومَ عَزَمُوا لها

والأيَادِي هبة لها

كم ضَحِكُوا لَها!

وبَكوا لَها!

وثَارُوا لها!

سَنَبنِيها.. سَنَبنِيها!

مَا طَالَ العُمر فِيها!

سَنعمرهَا، ونعمرهَا

لَن يَعُودَ الفَقر بَاغِيها..

هِي بَلدِي وأنا رَاضٍ فيها.

****

أعطِيني فُرصَة!

قَد أَستَطِيعُ أَن أجعلَ شَمعةَ ميلادي تنِير بك!

أن أنسَى أحزَاني وكلَّ الذي ألهَاني عنك

أن أكونَ فَارسَ أحلامِك..

تأكَّدي أولًا أنَّني لا أحِبُّك!

فأنا أدري أنَّك لا تَعرِفِينَني..

وأنا الآن..

وبعدَ سنين مِن آخرِ نَظرَةٍ لَكِ

أريدُ أن أقُولَ:

كُنتِ حلمِي

أنتِ أجَل!

ولَم أدرِ أنَّني سَأكتُبُ لَكِ!

بَل إني أمسَكتُ بِقَلمِي فَقط لأعِيشَ ميلَادِي

فَسَألتُ نَفسِي:

أإذَا تمنَّيتُ وقُبِلَت أمنِيَّتي

فَهَل أنتِ سَتَكُونِينَ أمنِيَّتي، أم أنَّني أمسَيتُ لَا أحِبُّكِ؟!

لَا أدري! إنَّني فقط حَزِينٌ عَلَى عُمري..

قَد أكتُبُ وأكتُب...

لَأصِفَ كَيفَ أنتِ؟!

ولكِن لا أُدرِي مِن أينَ أبدَأ؟!

مِنَ العَينَينِ.. أم الشَّفَتَينِ!

اليَدَينِ.. أمِ القَدَمَين!

آهٍ مِن عِطرِك، وَكُحلِ عَينَيكِ الأَسوَد!

يَا ذَاتَ الرِّدَاءِ الأَزرَق

الفَاتِنِ المُشرِق!

كَصَبَاح العِيد..

أإذَا هَمَستُ لَكِ مِن غُرفَتِي، هَل سَتَسمَعِينَني؟

هَل سَتُجِيبِيَنَني؟

لا أدري..

فَأنتِ لا تُرِيدِينَ أن تَجعَلِيني أطرقُ بَابَ قَلبِك..

لِذَلِكَ سَمَحتُ لِنَفسِي بِأن أطرقَ بَابَ عَينَيكِ مِن خِلالِ

صُوَرِك..

مَا أدرَاني، قَد تُفلِحُ العَينَانِ في أن تُرَاقِصَ قَلبَكِ البَارِد!

دَعِيني أكتُب لَكِ كَلامًا لَحّنهْ العُصفُورُ بَينَ السُّطُور..

كَلامًا بِلا قَافِيَة

كَي لا تَحدَّهُ المُدُن والبُحُور..

دَعِيني أرسمكِ بِلا عِلمِكِ

بَيْنَمَا تُدَاعِبِينَ شَعرَكِ
أَو تُلَامِسِينَ قَدَمَكِ
فَأَنَا مُتَيَّمٌ بكِ!
أَإذَا طَرَقتُ بَابَكِ هَل سَتَعرِفِينَنِي؟
هَل سَتُجِيبِينَنِي؟
لا أدري..
وَلَكِن أَخَافُ مِن لُقيَاكِ
كَمَا أَخَافُ مِن عِيدِ مِيلادِي!
أَخَافُ الشُّمُوعَ، وأَخَافُ القُلُوب..
أَخَافُ الدُّمُوعَ، وأَخَافُ ألا تُجِيبِينِي..
هَذَا هُوَ عِيدُ مِيلادِي!
فَكُلُّ عَامٍ وَأنتِ بِخَيرٍ!

****

كِتابُ الحُبِّ

مَوطنهُ أنتِ، وقَارِئه العَاشق

يَحكِي عَن اللِّقَاء وعَن اعترافِ القَلب للسَّماء

بأنَّ الحُبَّ يعيش فِينا

كِتاب الحُبِّ..

لَيتكِ لو تَمُرِّين

ليتني لو أراكِ

أهمِسُ بِهَا فِي غُرفَتي وأَنَا أنظُرُ إلى لَوحَة

تُصَوِّر القَمر والنُّجوم مِن حَوله..

فَأَقُول أنتِ تُذكِّريني بكِ

وأَقُول الحُبّ مَوطنه أنتِ

يَحكِي عَن ابتِسَامَتك لِظلِّ الأيَّامِ العَصِيبة

وقُوَّة صَبركِ لتنَامي سَعيدة

لا تَعرفِين التَّكبُّر ولا الخِيانة؛ فأنتِ أرضٌ صَلبة بِطبيعتك

مَهما تَعسَّرت الأمُور تَجدكِ صَامِدة

مفرداته البَحر، النُّور، الضَّحك والسُّرور..

يَعيش فِينا لأمانِينا، ويُسفِر عَن تَعمُّق العِشق فينا

لا نعرف شَكله ولكِنَّه يَعيش فينا

يُنادينا في اللَّيَالي ويُفصِح عَن نفسِه عِند اللِّقاء

فَيختَارُكِ أنتِ!

يختارُكِ لصبرِكِ عليه

يختارك لعِفَّتِك ولهفَتِك عَليه

مُحْتَارٌ أنا فِيكِ

فَقد اختَرتِ الضِّياءَ عَلى الغُروب

واخْتَرتِ الدُّموعَ رَافضةً الوَهم

فَمَن تَكُونين أنتِ؟!

فَقَد أطلَّ النُور مِن عينَيكِ

والصَّباحُ مِن شَفتَيكِ

فَهل أنتِ مِنَّا أو نَحنُ مِنك؟!

****

يَا زَمَن!

وَرّيِني وِين..

شَايِلنِي وِين؟

شَايِفنِي وِين؟

وِعَايِزني وِين؟

أَصلِي خَلاص مَا فِينِي دَم..

وَالكَلام يَا زَمَن بِقا هَم!

كَدة أَقِيف وِعَاين لَي

وَمَا تَقُولّي عِندَك كَم

وَاسأل عَزِيزَة بِت جِيرَانَّا

وِقُول لِيهَا التُوب بِقا بِيكَم

وِشُوف حَبُوبَة في المُستَشفى..

الرَاقدَة يِنقُلُو لِيهَا دَم

وشُوف وَلَدَا التايِه في الدَّوَا

بُهمه يَا زَمَن بسأل بِكم

أَنَا مَا عِندِي دَم!

وَالحُب خَلاص بِقا هَم!

كَدة أَقِيف مَعاي فِي صَفّ العيش..
نَتبَادل سَخانة الصَّف وَنَمشِي البِيت عَشَان نَتلَم..
وَأَقِيف مَعاي صَفّ تَاني
صَرَّاف، وبِنزين، ومُوَاصَلات..
والحَال انْكَتَم!
حَاوِل عِيش، ضَربًا وقِيس
نَتخَارَج سَوَا مِن الحِلِم الوَهَم..

شُوف حَبِيب عَزِيزَة المسَافِر
عَشَان شَملُهم يِتلَم
ولَو لاقِيتُه قُول لُه
أَرضَى يَا خِي مَا مُهم
أَنسَ نَفسَك وشَهَادتَك وأَيِّ فَهَم..
مَا فَارقَا
أَنَا مَا بَقُول الحُب انعَدَم.. بَس يَا زَمَن زَمَنَك كُلُو لَم!
وَالحُبّ طَايِش كُلُّه شَكَل ونَدَم..

بَس اصبُر لِحَدِّي مَا تَسقط

ونَبنِيه ونعَاِين

ونِبْتسِم

ورَبَّك كَرِيم مَا تِنهزِم

****

يَا مَرَاكِب الأَشوَاق عَدِي

كَفَانَا أَسَى وحَنِين

يَا مَرَاكِب الأَحبَاب

صَفِّي

دِمُوع النِيل

وهِيَّ سَارِيَة

تَوَدِّع

طِيُور

رَفَّت حُزُن

فِي سَما النيل

سَلام خَوَاتِم

الأَشوَاق

دِمُوع تزرِف

وُعُود

فِي سَمَار النِيل

يَا مَرَاكِب الأشوَاق عَدِّي

كَفَانَا أَسًى وحَنِين

يَا مَرَاكِب الأَحبَاب

صَفِّي

دِمُوع النِيل

نجُوم شَرَقَت

بِقَلبين

تَدَفِّي أَسَى الحَابِين

تَعَدِّي تَنَوَّر

فِي سَمَا السَاكِتِين

مَرَاسِي تَقَرّب

السَاكِنِين

تَشِيل فَاتحَة الغَايِبِين

تَصَبّر فِي

عِيُون فُرَاق الغَالِين..

يَا مَرَاكِب الأشوَاق عَدِّي

كَفَانَا أَسًى وحَنِين

يَا مَرَاكِب الأَحبَاب

صَفِّي دِمُوع النِيل

ولَحظَة غُرُوْب

العِين

ومَالِك يِنَادِي الرُّوح

تَطَمِّن الوَالدِين

وتَسرِي مَحَاسِن

المَجرُوح

تهدِّي مُوجَة

المَغلُوب

تَوَدِّعْنَا مُتصافّين..

يَا مَرَاكِب الأَشوَاق عَدِّي

كَفَانَا أَسَى وحَنِين

يَا مَرَاكِب الأَحبَاب

صَفِّي دِمُوع النِيل.

****

جَمَال الأَصَايِل

مُنسِمك

وكَمَان مَختُوم

مُبسِمك

رَيعَانَة النُور

محَزِمك

وكَمَال الدِين

مُلزِمك

آيَة الرَّحمٰن بِتَزَيّن

مَجلِسك

أجيَال تشَرّف وَالعُمُر

مُدَرّسك

عِيَال تَرَبِيهُم والأَمَل

مَسألك

والسَّنَد صَبر لِزُوج

مَسكَنك

الخُلُق والكَرَم زِينَة

مُجَمِّلِك

وَالحَيَاء يبَان فِي جَمَال
مَلبَسك

العَزِيمَة أَمَان بِتثَّبِت
مَوْقِفِك

والصِّدق النَبِيل فِي حَلات
مَقصَدِك

الإِسلَام نُور وُرُكُن
مُكَمِّلِك

والقُرآن والسُنَة أَصِل
مَذهَبِك.

****

يَا زُمُرُّدَة، يَا بِنتَ المَدِينَهْ

يَا نَبع شَمسٍ سُمرتُه حنينه

عَطِّرِي الدَربَ وَامشِي سِنِينا

وَاملَئِي الحُبَّ رِقَّةً وَزِينَهْ

وَقَلِّمِي الكَلامَ رِفقًا مُبِينَا

وَادعِي رَبًّا حِفظًا مُعِينَا..

تَتَسَاقَطُ مِنهَا قَطَرَاتٌ كَالمَطَرَات

تَتَذَكَّرُ بِهَا آلامًا وَحَسَرَات

عَلَى ذِكرَاهَا تُوَاسِيهَا مَرَّات

تَقُولُ: الحَمدُ لله إنَّنِي مِنهَا

تَقُولُ الحَمدُ لله عَلَى الذِّكرَى

****

أَطَلَّ نُورٌ مِن عَينَيكِ يا حَبِيبَتِي

أَطل صَبَاحٌ مِن شَفَتَيكِ يَا أَمِيرتي

أَشرقَ الكَون، وابتَسَمَ الخَيَال، وغَرَّد العُصفُور..

سَكَت لِسَاني

وعَجِزَ عَن الكَلام

شُلَّ بدني وتَصَلَّبَ كَالأَصنَام

سُحِرَ عقلي وأَبَى أَن ينَام

جِئتُ أَقُول، بَل نَويتُ أَن أَقُول، بَل وَجَبَ عَليَّ أَن أَقُول!

قُلتُ نُورٌ عَلَى نُور جَاءَ بِه المَجِيد

قُلتُ عَرُوسٌ عَلى بحُور تَستَحِقُ التَحمِيد

قُلتُ لَيلَى، قُلتُ نُور، قُلتُ زِمُرُّدة، قُلتُ زهُور

قُلتُ وقُلت...

لَم أَجِد لَكِ وَصفًا مَشكُورًا!

****

نُورك شَاع واتكَلَّم

سَاردًا حِكَايته أَلَم

مِن أَلِفك ضَرَبتَ لِيه

صُورة البَطَل الأَمثَل

يا أيها السَامِع!

ويا أيها الحَاضِر!

ويا أيها الشَّايِف!

ما تَتألم

لو بَعد المُوت حِكَايَة

كَان دَمُّه كَتَب واتكَلم

لو بَعد المُوت رِسَالَة

مَلاك عَنه يِتكَلم

قَدَر مَكتُوب ونَازِل

اختَارُه عَنِّي وعَنك

وأَحبَابنَا

هُم أَحبَابُه

وهُو حَارِس القَضِية

أنا لَمَّن شِفت صُورته

شِفت الشَّباب فِيه

قَعَدْ الأَلَم متحَسِّر!

سَألت: هَل مُمكِن الضرب شَافُه أعزَل؟!

أو فَاهِم حَتَّى القَضِيَّة

ورِّينَا بَس النِّيَّة

ما هُو بَطَل المَوقِف

وهُو صَاحب القَضِيَّة

وهُو الحَامِي غِيره

في دَقِيقَة يمشِي ويِرحَل

مُتأكِّد انُّه صَمَد

لو وقِف أو جَرى مِنك

لأَنه هو الأَعزَل

بَس جَاتُه غَادِرَة حَيَّة

مِن وِين؟ مَا بِعلَم

في دَقِيقَة يمشِي ويِرحل!

وأحبَابُه الشَّالوهُ

ما عايزِينُه يِرحَل

عَارفِين غَدْر المَوقِف

عَارفِين أنُّه مُسَالِم

عَايزِينُه يِعِيش بَطَل

فِي دَقِيقَة يمشِي وِيرحَل!

حِزنُوا عَلَيهُ يِرحَل

بِقُو يِشَهَدُوا فِيهُ

وهُمَّ لِسَّا شَايلِنُه

لو يِمكِن يِلحَقُوهُ

فِي دَقِيقَة يمشِي وِيرحَل!

بَس لِمَّن شَاف إخوانُه

بَرضُو هُمّ شَايلِنُه

والصُّورَة نَفس الصُّورة

والدَم كُلُّه فِيها

نُورُه بَرَق فِينا

وعَلامة النَّصر فِيها

وتاني

وَرُّونَا حَجمَ القَضِية.

****

هَل تُراهُ يَعُودُ يَومًا

فُؤَادِي الَّذِي غَابَ فِي سَمَائكِ؟

فَالرَّجُلُ بِلا قَلبٍ يُلازِمُهُ

كَالمَجنُونِ! يُجَالِسُ العُقَلاء

هُوَ إِنْ دَاسَ عَلَى حَجَرٍ فَآلَمَهُ

بَكَى قَلبُهُ لِآلَامِ ذِكرَاكِ

وَإِنْ رَأَى جَمَالَكِ ولو لِمَرَّة

بَكَتْ عَيْنَاهُ إِن لَم يعاود لُقيَاكِ

فَأنتِ الحَسنَاءُ التي تُلهِمُهُ

فَاذكُرِي حُبًّا كَان قَد سَقَاكِ

إِنِّي أريد قَلبَكِ لِأشَاركَهُ

حُبًّا صُبحًا ومَنامًا وغَدَاة..

فَتَأكَّدِي أنَّني لَن أُبَادِلَهُ

أَبَدًا إِلَّا بِالصِّدقِ والوَفاء..

هَل تُرَاهُ يطِلُّ فَجرًا؟

يُذَكِّرُنَا بِكِ يا بَدرَ الزَّمَانِ

فَالسَّيفُ إِنْ نَسِيَ رَبْتَ المَعَاني

سَكَنَ القُبحُ نَفسَ المَكَانِ

فَلا الشَّمسُ شَمسٌ وَإِن كَانَت تُرَى

وَلَا اللَّيلُ يَحبُو وَإِن كَانَ أَتَانِي

إِنّي أُرِيدُ قَلبَكِ لِأُشَارِكَهُ

حُبًّا لِحُرِّيةٍ وعَدْلٍ وسَلامِ..

فَتَأَكَّدِي أَنَّنِي لَن أَبَادِلَهُ

إِلَّا إِنْ صَدَقَ السَّيفُ الكَلَام

فَهيَّا بِنَا مَعًا بَينَ مَوكِبٍ

أَسيَادُهُ وأَحبَابُهُ وأَشرَافُهُ قِيَامِي

فَنُطقُ الشَّهَادَةِ حَقٌّ لَهُ

نَسأَلُهُ بِهَا حُسنَ الخِتَامِ

هَل تُرَاهُ يا خَالِقَ البَرَى

نُور الحَقِ هَديًا فِينَا يُرَى؟!

فَالعَاقِلُ بلا رُشدِهِ فَقِير

كَالحَلِيمِ في العَالمِينَ يَرى

نُورُ الكَلِمَاتِ عِندَ الرَّشيد ذَهَب

كَآيةِ العَظِيمِ جُودًا تُستَرَا!

فَاصْدُقِي الكَلَامَ قَرِيبًا لِلثَّرَى

واذكُرِي كَم ضَلَّ قَبلَكَ بِالمُدْنِ والقُرَى

إِنّي أُرِيدُ قَلبَكِ لِأُشَارِكَهُ

حُبًّا لِعِلمٍ لا يُبَاعُ وِيُشتَرَى

فَتَأَكَّدي أَنَّني بِنُورِ العَابِدِينَ أَرَى

وفي الأَوَّاهِينَ رَحْمَة تَتَفَطَّرَا

هَل تُرَاهُ يَا خَالِقَ الوَرَى

خُلُقَ المُصطَفِينَ كَرَم عَلَينَا يُرَى؟

فَضَامِرِ السَّعي دُونَ الوَالِدَين حُسنًا

دُنيَاهُ وعُقْبَاهُ لَن تُرَدَّ وتُشْتَرَى

ابسِطي يَدَيكِ فَلِكُلِّ امرِئٍ مَا نَوَى

واذْكُري اللِئِيمَ إن قَامَ أو افتَرَى

وَكُوني لِلحَقِّ نَجْمًا، وشَمسًا، وقَمَرَا..

واذْكُري الرَّحمن وَاسْتَقِيمي حَمدًا وَشُكرَا

وَسَبِّحِي بِمُلْكِهِ وَتَوَكَّلي عَلَيْهِ في كُل ما أمرَا..

إِنّي أُريدُ قَلبَكِ لِأشَارِكَهُ

حُبًّا لِكَريمٍ نَرجُوهُ عَفْوًا وَنَصرًا..

فَتَأَكَّدي أَنَّني لَنْ أَبَادِلَهُ

إلَّا بحَجٍّ وعُمرَةٍ، سَعْيًا وصَبْرَا.

******

كَيفَ لي أن أَصِفَ مَا أنتِ عَليه؟
فَالحَقِيقَةُ بَينَ النَّاسِ هُو مَوقِف تَصِفِينه
فِإن كَان كَلامي بَعِيدًا عَمَّا يُعَبِّرُ عنكِ وتَتَّخِذِينه
فَكَيفَ لي أن أَكُونَ حَرفًا يَومًا قَد تَكتُبينه؟

الصِّدقُ في مِهنَتكِ ذَهَبٌ قَلَّمَا تَجِدِينَه!
والإِنسَانِيَّة وِشَاحٌ فَانظُري حَولَكِ
هَل مِن ضَعِيفٍ بِه قَد تَستُرِينَه؟!

في مَوطِني سَتَعجَبِين!
فَكُلُّ قَهرٍ عِندَنَا يُدَبَّرُ وأنتِ لا تَعرِفِين!
فَالظُّلمِ عَاشَ لِسِنين
وَمَا عَادَ بَينَ الحَاكِمِ والمَحكُومِ أيُّ حَنين
أو حَتَّى نِقَاشُ عَقلٍ يُرَجَّحُ بِالسَّلِيم!
وَكُلَّ يَومٍ..
مَا عَادَ الإِنسَانُ فِينَا يَعرِفُ الخَبَرَ اليَقِين!
قَد تُكتَبين شَهِيدَة، فَقِيدَة.. أو حَتَّى في النِّيلِ قَد تُرمِين!
قَد تُعَذَّبِين أو تُغتَصَبِين وَبَعدَهَا في كُلِّ الإِعلامِ قَد تُكَذَّبِين!

إنَّكِ مِن الإِعلامِيّين

النَّاشِطِين

الحقُوقِيّين

المُدَوِّنِين..

إنكِ من العَالمِين وَمَن تُمَثِّلِينَ صَوت الصَّامِتِين!

وَالحِرَفِيَّةُ في عرُوقِكِ والجَبِين!

وكَمَا تَدرِين

الحُرِّيَة في سَرِد المَشهَدِ في الحِين

وَنَقل الحَقِيقَة بِالسَّمعِ والعِين

وَلَكِن في وَطَني الحَزِين

صَدِّقِيني سَتَحتَارِين

بِتَنَاقُل أخبَارِنَا من المُحتَرِفِين

ويكون المَحَلِّيون إمَّا نَائمِين أو مُتَسَامِّرِين أو مُدندِنِين..

في وَقتٍ يمتدُّ فِيه القَتلُ للمُوَاطِنِين!

وكَأنَّ الطَّيرَ يَأكُلُ مِن رؤُوس كُلِّ الحَاضِرِين!

أدرِي لَيسَت سَابِقَة أن تكوني من المحتَارِين!

وكُلُّ الرَافِضِين من المُجرِمِين!

وكل المُوَالِين من المُقَرَّبِين!

فَهَل تُصَدِّقِين أنَ شُرَفَاء الإِعلامِين من الغَائِبِين؟!

وَأَقْلامُ الحَقِيقَة غَالِبًا مُكَسَّرة من الْمُنْهَزِمِين!

والكَامِيرَات مُتَسَتِّرة أَو مَركُونة وَغَالِبًا للتَزْيِين!

وللحَقِيقَةِ عَلَيكِ بالإِشَارَةِ إِن أمكَنَكِ التخمين!

عَلَى كُلٍّ..

فِي وَطَنِي دَومًا تجدِين مُتَفَاوِضِين ومُتَخَاصِمِين ومُتَحَارِبِين..

وَغَالِبًا مَا تُصَنَّفِين.. إمَّا مع الْمُتَشَدِّدِين، أو الضَّلالِيِين..

الإِرهَابِيِين، أَو العَلمَانِيِين، أَو الْمُفسِدِين، أَو الْمُتَخَاذِلِين..

أو حَتَّى غير الوَطَنِيِين!

والمَعِيشَةُ كُلَّ صَبَاحٍ في زِيَادَة خُبزٍ وَبِنزِين!

والجُنَيه أصبَحَ بِقِيمَة الغَائِبِين

وَبِلادِي عَالَمِيًّا بَينَ الْمَعزُولِين..

عجبًا!

أيكون جَيشُنَا لَنَا نَاهِبِين وقَاتِلِين

ولِجِيرَانِنَا مُحَارِبِين مُدَافِعِين؟!

فَكَيفَ لِحَالِنَا أن يَستَقِيم؟

كيفَ نَكُونْ يَومًا مُوَحَّدِين؟!

صَدِّقِينِي إِننَا نَعِيشُ بَينَ الحَالِمِين

حَتَّى الرِّسَالَة فِي عَالَمِي أصبَحَت عُرضَةً للمُشِيِّعِين!

فَقَد تَصِلُكِ مُرفَقَة بِسِكِّين!
مَصحُوبَة بِمُلاحَظَة "خَطَر جِدًّا عَلَى المُتَلَقِّين"!
أو "مِن مَصَادِرِ المَوثُوقِين"!
أو يُمكِن مِن الاتِصَالِ وَوَسَائِل التَواصُلِ تُحجَبِين!
فَالحَقِيقَةُ نُورٌ لِلمُتَظَلِّمِين..
وَقَد تَعِيقُ بَعضَ المُتَسَلِّقِين والمُنتَفِعِين..
هَذَا هُوَ العَالَم الثَّالِث لِكُلِ الإعلامِيّين.. النَاشِطِين!

صَدِّقِيني إِنّي مُندَهِشٌ مِمَّا تَمتَهِنِين!
وَعَلى حَالك
وَعَلى مَا تَكتُبِين وتَقرَئِين وتَدرُسِين..
فَاحذَرِي مِمَّا تَنقُلِين، فَقَد تُقتَلِين، أو تُعتَقَلِين
أو تُسجَّنِين وتُوقَفِين!
وقد تَجِدِين نَفسَكِ بَينَ لائِحَةِ المَفصُولِين..
ولَكِن..
تَذكَّرِي! تَعبِيرُكِ يَجعَلُني مِن المُتَنَفِّسِين..
والأَمَل قَد يَكُونُ عِندَ مَا تَرصُدِين..
تُحَلِّلِين وتَنقُلِين والأَثِير مِلكُ المُبدِعِين!

كُلّ التَوفِيق مَعَ الإعلامِيين والنَاشِطِين..

فَلِكُلِّ امرِئٍ مَا نَوى..

أَحَد القَارِئِين والمُستَمِعِين والمُشَاهِدِين.

73

****

سِينٌ، تُسَطِّرُهُ الدِماء
واوٌ، وَعدٌ شَهِدَتهُ السَّماء
دَالٌ، أُمٌّ ضَاقَت لِفِرَاقِهِم بالبُكَاء
ألِفٌ، وَطَنٌ يضِيع ويُبَاعُ وينعدمُ الوَفاء
نُونٌ، نَارٌ حَرقَت جَوفَ أشرافٍ سَئِمُوا الشَّقاء..
أيُعقَلُ في وَطَني الحَقُّ يُسرَق؟!
أو يُجَرَ ويُضرَب
أو يُعَلَّقَ ويُغلَق
أو يُقهر!
أَنْكَرُوا الفَراغ وأَبَاحُوا الثَّراء!

أينَ العَدل والقَضاء؟
وأين شَرفُ الأَبرِياء؟
لا ولا.. وألف لا..
هَا هُو الشَّعبُ في إبريل ارتَوى
جُمِعَت أجْراسُ حُريّتهُ تَلَهُّبًا
فَها هُو العَدل يَنبِضُ فِيه تَوَاليا
بِالحَقّ هُم اعتَصَمُوا

وبِالصَّبرِ هم ارتَسَمُوا
وللظُّلمِ قَالو لا.. ولا!

أَينَ العَدلُ والقَضَاء؟
وأين شَرفُ الأَبرِياء؟
اليَومَ نُسَطِّرُ حُرُوفَ سُودَاننَا
بِمَاءِ الكِبرِيَاء
ونَغرِسُ رَايَةَ بِلادِنَا شَاهِدًا
عَالِيًا في السَّماء
ونُرَفرِفُ بالحُرِّيَّةِ
ونُلَوِّحُ بالسَّلامِ
ونَدعُو بالعَدَالَةِ
فَيُنَادِي البَعِيدُ لنَا
أيُّها السُّودَانِيُّونَ
أنتُم لهَا فِداء!

أين الصَّعدلُ والقَضَاء؟
وأين شَرفُ الأَبرِياء؟
فَها هُم الشُّرَفاء

قَد عَادُوا

بِأيادٍ بَيضَاءَ

مَعًا نَادَوا:

سَيُعَاقَبُ الظَّالِم

ويُسجَنُ الجَانِي

أَيُّها القَاضِي!

أَيُّها الشَّاهِد!

بَلَدٌ ضَاعَ.. ووَطَنٌ تَقَسَّم

مَن هُم؟! نَحنُ لا نَعرِفُهُم

دَعُونَا!

ودَعُوا قَسَمَ العَدَالَةِ يَعدُو

مُزلزِلًا صمتَ المَجَالِس

طَالَ صَمتُكُم سِنين

والجُوعِ قَد سَاد

والفَقر تَفَشَّى

لَن نَسكُتَ ولَن نَغفِر

ولَن نَتَحَسَّر

فَالوَطَنُ أهمُّ

والنَّفسُ عَزمت أن تَطِيب..

أينَ العَدلُ والقَضَاء؟

وأينَ شَرفُ الأبرِياء؟

يا سَفَّاحَ الدَّم قُصاد الدَّم!

اليَومَ عَزَاءُ شَعبٍ..

قِف!

إِنَّها سَاعَة غَدْر

تَأَمَّل فِيها

قُتِل قَضَاءُ السِّتر

فِي يَومِ فَضلٍ

صَبَاحَ خَواتِمِ الشَّهر..

أُهِين العَدلُ

أُبِيحَ القَتل

فَرَّق مَن وَحَّدَتْهُم عيُونُ الفَجر..

مَن أَنتُم؟

وكَيفَ هَذا؟

وبِأَيِّ عَقل؟!

وأينَ مِيثَاقُ ثَورَةِ النَّصر؟

يا شُرَكَاءَ الغَدرِ!

يا مَجلِسَ القَتل!

إِنَّه الجُبن..

النَّقص والنَّقض!

الخَوف مِنَ الحَقّ

تَسَلَّلتُم، تَشَكَّلتُم، تَغَلَّلتُم..

في مَيدَانِ الشَّعب

فِي يَوم صِيَامِ العَبد

وذَلَّلتُم مَن نَامَ وقَامَ في الأرض!

أَين الذِّمَّة بالله عَليكم؟!

قُلتم: ضَرُورَة أمنِ شَعب!

فَرِّقوا بَين فَضِّ الشَّغبِ وغَدرِ الشَّعب!

وكَيفَ أُصَدِّق

شَيطَانٌ يَقتُلُ أيام القَدر؟!

إِنَّها أفعَالُ مستحقِر!

وأي شَرخ لَم يَسبِقهُ طَرق أو حَرق؟

وأَي نِقَاش عَقلٍ

لِسِياطٍ تَرقُصُ لِطبُولِ الحَرب..

إِنَّه جَهلٌ!

كَلَّا.. لا للدَّمع

عَاش الحُرُّ وثَارَ القَلب

أي قُوَّةٍ فَضَّت خِيَارًا لِشَعب

وأي نِضَالٍ مَاتَ بِظُلمٍ لِعَبد

مَدَنِيَّة، سِلمِيَّة هِتَاف الأرض..

عَاش الحُرُّ وثَارَ القَلب..

ضَاقَ القَضَاءُ يَا سَادَة!

فَلنَتَذَكَّرهُم

في يَومِنَا هَذَا

هُم الأَشرَاف.. هُم القَادَة

خَطَونَا مَعَهُم لِسَاعَات

شَهِدنَاهُم أمَلًا لنا

وعِشنَا مَعَهُم لَحَظَات

شُرُوقًا وغُرُوبًا

لأَيَّام..

كَانُوا نُجُومًا فِيهَا

تلألأَت إبدَاعًا

في حُزنٍ وسَعَادَة

هُمُ القَادة!

أشرَقَت شَمسُ الخَلاصِ

تَسَمَّرَت، وَتَكَسَّرَت قُيُودُ الظُّلمِ

وَغدَا الوَطَنُ والشَّعبُ حُرًّا

يَا مَنْ سَأَلتَ بِالأمسِ:

كَيفَ لِلوَطَنِ أَنْ يَعِيشَ غَدًا حُرًّا؟

يَا مَن عذَّبتَ وَقَتَلتَ شَعبًا قَهرًا؟

أَفِقْ!

فِدَاءُ الوَطَنِ أصبحَ عُرسًا..

عِشْقًا

زَانَهُ صِدْقًا

كَيفَ لِلغَدِ أَلَّا يَعُودَ؟!

وَالأيَادِي كانت لَهُ ظَهرًا

كَيفَ لِلصُّبْحِ ألا يَفِيقَ؟

وَالعُيُونُ تَتَوَسَّدُهُ سَهرًا

لَا تَسأَلْ عَن وَطَنٍ

نِيلهُ عُتِّقَ صَبرًا

وَتُرابهُ سُحِلَ غَدرًا

وَسَمَاؤهُ عَصَفَتْ قَبرًا

أَشرَقَت شَمسُ الخَلاصِ

تَسَمَّرَت، وَتَكَسَّرَت قُيُودُ الظُّلمِ

وَغَدَا الوَطَنُ والشَّعبُ حُرَّا

يَا مَن شَكَوتَ ضِيقَ عَيشٍ

وَهَجَرْتَ وَطَنًا غُصَّةً وَفَقرًا

يَا مِنْ عَلَّمتَ شَعبًا أَنَّ الدُنيا حِلوةٌ ومُرَّة..

أَفِقْ!

وَطَنِي اليَومَ تتفتحَ زَهرَة عُمرِه

هي ثَورَةُ إفريقيَا الكُبرَى

في مَوطِنِ المِهنِيينَ وَالأُدَبَاءِ وَالشُّعَرَا

غَدًا سَيَعِيشُ وَطَنِي جَنَّة وذِكرَى

ويفوحُ طِيبًا، بمروجِه الخَضرَا..

يختالُ بِتُرَاثِهِ جَمِيلًا عَطِرا!

وَكُلُّ النَّاسِ تَقطِفُ الثَمَرَا..

عَاشَ السُّودَان حُرَّا.

****

إلى أُمِّي الغالية!

أنا كيف أنُوم لَو بَقُوم

هَمِّي عَلِيكِ كُلِّ يُوم

بِتكَبري فِيني يا أمِي دُوم

وفِي الصَّباح تَقُولي لَيَ قُوم

تشَرِّبي فِيني لَبَنَ النُّوم

وتَقُولي لي شَرَاب نجُوم

جِبتِي لي يا أمي كُلَّ اللزُوم

وقُلتِ لي أرسِم وأنسَى الهمُوم

وجِبتِيني المَدرَسة عَشَان العلُوم

وجُند الله ارفَعُوا كُلَّ يُوم

وجبتيني الجَامعَة عَشَان أقوم

أرفَع رَاسِك واسمِك في يُوم

هَدة أنا كِبرتَ يا أُمَّ الكَرَم اليوم

ومَع أصحابي كلّ يوم بحوم

وكِترَت أفضَالِك عَليَّ بالكوم

لا بَسِدَّها ولا مِن غِيرِ رِضَاكِ بَقُوم

ومَعَاي زُوجتِي وأَولادِي ومُنانا

قُربِك بَرَكَة مَعَانَا يِدُوم

اقري لَي "يَس" عَشَان أَنُوم

مَا أنتِ هَمِّي يَا أمي كُلِّ يُوم

****

يا رَجَّال!

عَارِف دَرْبَك طَال

مَشِيْت..

جَرِيت..

ضَرَبُوك وأسَرُوك

لَمَّن عَرَقَك فِي المَواكِب شَال

ودَمَك فِي السِجُون سَال

والبيوت سَلامَا اتحَال

اعتَصَمتَا وأضرَبتَا

ووقِفت للرُّصَاص ترَسّ؛ وَد رجَّال!

وصَبرك طَال

لو تشُوف دَم الشَهِيد يِتشَال

نَقِيف وبِتحَاسَب المُحتَال

القَتَّال، الكَذَّاب بالدِين، الدَجَّال..

والصِّدِق يِتقَال

ودَمعَة أَسَى الثوار تمشِي

والوَطَن يِشُوف النُور

فِيهُ صَبَاحنا صَافِي البَال

والزَّرع والأرض تَختَال

تَنسَى الغُربَة وهمّ العِيَال

ونَبنِيهُ عِلِم وخَيَال

نَبنِيهُ نِسوَة ورُجَال

والشَّرَف زِينَة المال

والطِّيبَة والأخلاق نجُوم وهِلال

كُلّ الأطيَاف مَجارِينا..

كُلّ الألوان مَلاقِينَا..

مَدَارِسنَا، مَجَامِعنَا، مَصَانعنا وَمَشَافِينَا رُويال..

وتَبقَى العَزِيمَة عنوانَ الرِّحلَة وطَريق الوِحدَة نَشِد رِحَال

والوَطَن أجمَل فِي عيُون أجيَال..

****

بَاتَ الحُبُّ شَوقي

فَزَادَ الشَّوق العِنَاق

فَغَدَا الشَّوقُ صَبري

وَغَدَا الحُبُّ الفِرَاق..

بَعِيدٌ عن سِحرِكِ كالقَريب

أَضمِرُ السَّمعَ تَواق

أَشتَهِي طِيبَ حُسنكِ أَمَدَا

وَلِرَهف قَسَمَاتِكِ مُشتَاق!

مَا عُدتُّ أهوَى اللِّقَاء

مَا عُدتُّ أقوَى اللِّقَاء

فَالحُبُّ فَاضِحُ الإنسَانِ

يسأَلُ عن فَكِّ سَجِين ضَاق!

تَأَخَّر صَوتِي المُجِيب!

أَتَذكُرِين كَيفَ صَارَ حَالُنَا

يَومًا عِندَ المَغِيب؟

فَأَنتِ ذِكرَى تُسعِدُني كُلَّ يَوم..

وَعِطرٌ أَشتَمُّه

سَاعَةَ النَّوم..

فَاحذَري!

فَقَلبِي كَادَ يَفِيق!

وَمَا عَاد صَمتِي بِكِ يَطِيق!

هَل سَتَسمَعِيني؟

كَي أَصرَخ!

ذِكرَاكِ عِندِي بَرِيق..

أَم أَسكُت وأُفِيق!

فَالحُلم بِكِ عَبَرَ بِي للمُحِيط

والوَقتُ لَم أَعُد أذكُرُه

عِندَ ذَاك المَغِيب!

سَأَلتُ نَفسِي:

هَل للقَمَر أَيُّ ذِكرَى عَنِّي؟

اسأَلِيه وَطَمِّنِيني

فَفُؤَادِي يَحِنّ

لِهَمسَةِ الحَبِيب

لِكَلامٍ أَو نَظرَةٍ..

أَو كَلِمَة حَبِيب!

كُنتِ زَهرَة لِكُلِّ النَاس

وَلَكِنَّني

كنتُ أَرَاكِ كَعِقدِ أَلمَاس

يَبرقُ ويَسرِق

القَلبَ والإحسَاس

تَعِبتُ مِن قُربِك..

مِن سِحرِك!

جَرَعتُ كَأسَ العِشقِ فِيكِ

غِبتُ لِسِنِين

ومَا عَادَ قَلبِي

يُرِيدُ أَن يَفِيق!

فَمَا ذَنبِي؟

إِنّي كُنت أَرَاكِ

نُورًا للطَّرِيق

عِندَ ذَاك المَغِيب!

فَالحُب فَاضِحُ الإنسَانِ

يسَأل عن فَكِّ ألِيمٍ أَفَاق.

****

هُوَ العِشقُ يَا إنسَان!

لا تسَألِني!

فلَن تَعرِف الأَمَان

هَو السُلطَان

إِن تَكَلَّم دَانَ

وإِن أَذَلَّ أَهَانَ

هُوَ العِشقُ يَا إنسَان!

إن أحبَبتَ غَيرَها

فلَن تَجِد في قَلبِكَ أي مَكَان

فَسَرَابُها يَسكن عَينَيك كَالجِنَان

****

يَا مُلِهِمَ إفريقَيا العَظِيمَة!

يَا مَوطِنَ شَعب النِيل!

كَم أنا لِسِنِين وسِنِين حَزِين

اليَوم عَاد بي الحَنِين

كَم كَانت الأيام جَمِيلَة!

يَا مَوكِب السَلامِ.. والعَدَالَة.. والحُرِّيَّة!

وَهَبت شَعبًا حَياةً وقِيمَة

وعَزًّا ومَجدًا..

لَو تَدرِي كَم كَانَت قُلُوبُنا حَزِينة!

كَم اشتَقنا لَبِلَدِنا الكَرِيمة!

يَا مُلِهِم إفريقيا العَظِيمَة!

****

لِلعِشْقِ عَلَينَا في جَمَالِهَا وَقفٌ

سَلامٌ وتَحِيَّةُ أهل إعجَاب

مَن مِنَّا يَرَى القَمَرَ عَن قُرب

وَلا يَشرَب ضِيَاءَه الغَلَّاب؟!

هي وَردَة، في ثَوبِهَا المَنقُوش ذَهَب

بِينَ الحضُور تَزهُو بِنَا.. فنحنُ الأحبَاب!

كَلامُهَا عِطر.. وَوَصفُهَا بَاب

يَمُر بِه سُمَّاع المُفرَدَة شَبَاب!

وَفي وَجهِهَا أصل الرَّبَاب..

يَسرِي الجَمَال والعِنَب..

والعُنُق والخِصر الخَلَّاب!

وَفي قَوَامِهَا كَأنَّهَا العُقَاب!

يَجنَح يَمِينًا وَيَسَارًا

وينبعثُ الضَّحِك والسَّمَر والترِحَاب..

سَلامٌ مِن أهلِ الحُب مَنزلةً

سَلام المُلُوكِ والشُّعراء والكُتَّاب.

****

السَّلام عَليكِ

مِن أينَ لَكِ الحبّ إن طال الصّبرُ إليكِ؟

دُلّيني إلى كَمِّ الحُبّ الذي تُريدينه!

فَعِندَنا مِنه كَما عِندَكِ فِينَا..

لَا تَسألي إلى مَتى وحينَ!

فَسُؤالُكِ عِندَنا طَلبٌ؛ فهل تُجيبينَ؟

يَا جميلتي! أبِنَا تَقبَلين

زَوجًا وسَنَدًا مَا حَيِينَا؟

****

وَقفَةْ.. رأفَةْ..

أنتِ عَشقِي

يا سَيِّدَة الرّقَة!

أنتِ مَلاكُ قَلْبِي وخَفقَه..

يَومِي بِيَومك

جَمعًا يَرقَى

إنسَان مَعَكِ لا يَشقَى!

أنتِ وأَنَا.. قُربًا نَلقَى..

حُبًّا وَرِفقًا.. بِرًّا نَبقَى!

وَبالإحسَانِ مَعًا نرقى..

بُعدًا وقُربًا.. شَوقًا وحُرقَه..

يا عـشقَ قَلبِي!

يا سَيِّدَةَ الرِّقَة!

قَلبِي مَعَكِ دَومًا يهـوَى

حُزنًا وفَرَحًا.. صَبرًا وعِتْقَا

يا سَيِّدَةَ عُمرِي وعـشقه.

****

أذَاقَتني مِن عِطرِهَا فَأَحسَسْتُ عَبِيرَ حُبِّهَا

فَذَكَّرتِني بَحَالي منذُ أَحْبَبْتُها

هِيَ كَالقُطب في تِرحَالِها

وأنا قَريبٌ مِنهَا خَفِي خَفِيف

بَعِيد عنها شَقِي طَفِيف

مَا حالي مَع حُبِّهَا؟

مَا ذنبي إن أحبَبتُها؟

****

صِبح الصَّبَاح فِينَا

يَا قَمَر لَيَالِينَا

في سَمَاكِ رَوِينَا

وفي كَلامِك حَبّينَا

وبِيكِ اتلَهِينَا

وَزيّ جَمَالِك مَا لِقينَا

يَا دُرَّة أَهَالِينا

زَيّك حُسُن مَا رَأينا

***

أَنا جَايِ أَفَرّق عَليكِ

وأَدنْدِن وأَغَنّي لِيكِ

وَأَشِيل فَرَح أَيَامِي اليِجَاي

كُلُّه وأَدِيّهُ لِيكِ

***

أَنْتِ الأَمَل والنُور

الحُسُن والذُّوق

وَجَمَال الخَلِق المُزَينِك

خَاتِيك فُوق

***

لَو زَعلانَة خَلِيني لِيكِ

ولَو فَرْحَانة أتونَّس بِيكِ

أنتِ الحُبّ

وأَنا السَّحَاب البِين إِيدِيكِ

لو زَعلانَة تَمطر لِيكِ

ولَو فَرحَانَة ترسِم ليكِ

ومَا تَخَافِي شَقَى الأَيَّام

إِن شَا لله مَا يِقرِب لَيكِ

******

حَصبُر عَلِيكِ

أَصلُه الزَّمَن قَاسِي

وَرَّانِي لِيكِ

مَا رَاضِيَة يَدِّي تَانِي

تَسَلِّم عَلِيكِ

طَال الفُرَاق

وَالسِنِين مَرَّت تَهِز

97

وَالحَال مَا فَارق عَليكِ

ظُلْم العُيُون في المَواقِف

كَاتبَة ليكِ

وِينَ البِجِيب حَال غَايِب

بَكى يُوم عَليكِ

وِيْنَ البِجِن في عَاشِق

سهَّر عِينيهُ ليكِ

كَانَ الأَمَل حَنَّ

في شُوفَة عِنيكِ

حَرجَع وَأَنَادِي الزَمَن

واذَكّرُه كُنتَ بِين إِيدِيكِ

والقِسمَة مِن رَبنَا

مَا سَائلَة عَليكِ

وَحَال القَلِب عَاشِق

مَا وَاقِف عَليكِ

حَرجَع وَأنَادِي الزَمَن

وأبعِد وأقُول

أنتَ الي بَدِيتِ.. وأنتِ الي أبِيتِ!

وقَلبي تَاني مَا بَدِّيه لِيك

****

قَلبي حَنّ

ولِيكِ غَنَّى

مِن مَا شَافِك

يَا أحلى هَنا

سِكَّة طَويلة

لَو في اليَد حِيلة

نَبقى نُصِّين ونَتلمَّى

أمسِك إيديكِ

وأسَافِر بِيكِ

في كُل العَالم نَتهَّى

دَلَع كَلامِك

وغَزل عِنيكِ

قِصَّة حُبنَا

رِيدَه ومَحَنّ

أحكِي لِيكِ

وتَحكِي لَيّا

أَضْحَك عَلِيكِ

وَتضْحَكِي عَلَيَّا

نَلاقِي صحَابنَا وأهلنَا

وِكُلّ صَبَاح

نَشُوفه جَنَّة

ونَقَابِل الدُّنيَا دِيَّة

نشُوف مُرَّة

حِلوَة.. وَرَضِية

حُبّنَا يِدُوم ونَتْمَنَّى

****

فَاتَت عَلِيك

وشَالَت أَيَام بُكرة عَليك

حَرَمت عِنِيك

أَبَت سَلام إِيدِيك

شُفْت الوَجَع

مَا عَارِف تَلقَاه كَيف!

تَسأَل وِين أَو تَشْكِي وِين؟!

أَصلَك مَا عَارِف

دَمعَة الظُّرُوف

وظُلمَ السِنِين

وخَلاص رَاحَت مَع الأَيَّام

أحلام وحَنِين

أَلَم دَربُه طَوِيل

وأَسَى عَذَابه حَزِين

أَنسَى الحَنِين

ومَا مِنك

فَاتَت عَلِيك

والليلة الأَيّام بِقت عَليك

حَرمَت عِينِيك

وأَبت سَلام إيديك

****

مَا عِرِفتِك

أَصلِي كُنتَ تَايه

بحَنِين عِرفتُه قَبلِك

ويَاريت لَو عِرفتِك

أَصلُه قُربِك مِني

هُو الخَلانِي

أَحِبّك

شَاكِر مُتَيَّم

فِي صَفَا نَفسِك

وغَلاوتِك عِندي

ابقِي وَرِّيني الطريق

أَمسِك إيدِيكِ والحَنِين

وأَبعِد مَعَاكِ

مِن أَيَام مَا عِرِفتَها

مِن قَبلِك

مِن أَحلَام كَانَت

سَرِاب مَا فُقْتا مِنها

إلا مِنّك

سَامِحِيني

في وَكت كُنت مُحتَاج لِيك

مَا قِدِرتَا أَفْهَمك

أَصْلِي كُنتَ ما بَعرِفِك

عِيُوني گَانَت مَا معَاي

بَس قَلِبي هُو الوَقَفِك

****

أَسَاهِر وأتذكَّر عِيُونِك

تَايِه في مَعَانِي وجُودِك

أَعِد فِيكِ خِصَال نُورِك

مِن جَمال سُرُورِك

وغَرَام غُرُورِك

وعَذَاب مُرُورِك

سامية في العين

مِن حُسُن حُورِك

تَايه حَزِين..

مُتْمَني جُورِك

جَمَالِك غِير

أَقْدَر مَا أَدُورِك.

****

مَهما طَال عَلِينَا الغِيَاب

حِفضَل حُبِي لِيكِ في الفُؤَاد

حَبقَى أَسأَل وأَطَمَن عَلِيك

وأَسهَر وأَشتَاق لِجَمَال عِنِيك

حُبِي لِيك أَكتَر مِن كَلام

قِصَة حَنِين وسَلام ووئَام

خَلي اللَيَالي تَشتَاق لِينَا

وكُل الحَبَايِب يِسَلِّمُوا عَلِينَا

ونَرجَع ونَتمَنَى الوِصَال

حُب وجَنَة تَجمَعنَا بِالحَلال

ونَعِيش ونَتمَنَى ونَتمَنَى

أولادنَا مَعانَا حُبنا وأَمَلنَا

****

أعطِيني فُرصَة
قَد أَستَطِيع أَن أَجعَل صَبَاحَ يَومِي بِعِطرِك
يَفِيق
أَن أَرىٰ وجهَك الثَّائِر
بَعدَ يَومٍ طَوِيل بِالهِتَافِ والنِّضَالِ العَرِيق
فَقَد كُنتِ نُورًا لِي ولأَبنَاء هَذَا البَلدِ العَتِيق
تَأَكَّدِي أَوَّلًا أَنَني أَعشَقُكِ
فَقَد كُنتِ أُختًا، ووكنتُ الصَّدِيق
كُنتِ أُمًّا وكنتُ القَرِيب والحَبِيب
كُنتِ سَنَدَ هَذَا الشَّعبِ الحَزِين فِي ظُلمَة الطَرِيق
قَد أَكتُبُ وأَكتُب لأَصف

حُزنك..

فَرَحك..

شغفك..

خَجَلك..

عِفَّتك..

وشَرَفك..
ولَكِنّي حَزِين عَلَيْك، وحُرقَة لَن أُطِيق!

وَأَخَافُ صَدرِي أَن يَضِيق

فَقَد مَشِيتِ وَجَرَيتِ آلَافَ الأَميَال

وَلَم تَمَلِّي أَو تَكِلي عِندَمَا اشتَدَ الحَال

وَصِدقًا يَقِفُ لِسَانِي وَقَلَمِي

عِندَكِ يَا سَيدَتِي

احتِرَامًا لَكِ يَفُوقُ الوَصفَ والكَلِمَات

يَلُوحُ في حُرِّيَتك..

وسَلامك..

وعَدلك..

في المَبَانِي والطُرُقَات

في المُدُنِ والحَارَات

وعِندَ أَشَدِ الأَوقَات

صَدِّقِيني

فَقَد تَجَرَعتُ الصَبرَ مِنكِ

ومَا عُدتُ أَقوَى هَذِه الدُنيَا مِن دُونك

فَتَأَكَّدِي أَنِّي أَرَاكِ نُورًا للطَرِيق

عِند الشُّرُوقِ والمَغِيب.

******

سُودَانِيْز!

غَلَابَة يَابَا

عَايِزِين خَلَاص نَعِيش

دَمنَا الغَالِي كَان

شَهِيد وحَبِيس

مَا حَنخَاف تَانِي

حَنَبنِيه مَا حَنقِيف

سِنِين مَرَّت أَلَم وحُزُن

والجُوَانَا كَان كَفِيف

تُرَاب ومُويَه وخِير

مَهدُور كَان بِالرَخِيص

طَالبِين بَلَدنَا.. وسَمَاهَا..

وشَانا يِبقَى نَضِيف

عَايزِنه يِكبَر يرفرف

وأَهَل كُلنَا نَعِيش

مَا فِيه دَمَار.. ولا خَرَاب مُخِيف!

نَاكُل ونَشرَب

مَا عَدمَانِين الرَّغِيف

لا مَهمُوم لا زَعلان..

لا كَملان ضَعيفـ!

زَهرَان ورَويَان

وبُنيَان رَصِيص

سُودَانِيْز

****

يَا وطن!

أَشلِكِ وأتألم!

أحكِ وأتعَلم

مَا في رَجعه..

مَا في نَدم!

نَجيب لِيكَ العَدَم

نَزيدَك فهَم

نَفدِيك بِدَم

نرَجع ليك

الشَّالُو هواكَم

الظَّلَمُوك هَم

الحَكَّمُوكَ خَم

وترجّع أيامك

صَافيَة نِعَم

والنِيَّة هِمَم

ويا سُودَانا

تَسلَم وتَغنَم

عَظِيم وعَلَم.

يَا وَطَن يَاما شَكِيت وبَكِيت

جِينَا لَك يَا عَزِيز.. لَبّيك!

إِيدِينَا إِيديك

وعُيونّا لِيك

نَزرَع حِلِمنَا فِيَك

عِزّة وصَبُر نَجنِيك

بالرُوح والدَم نَفدِيك

وتَقُوم مِن تَانِي ونَبنِيك

****

شُوق الحَنِين لَو دَفَاك

أَنا عُمري مَا أَنسَاك

أَنا مِنِّك وأنتِ عُمري

لَو تَعْرِف بَس غَلاك

قَلبي هَايِم في نَظمِك

بِفَتِّش في خُطَّاك واسمِك

مَا عَارِف مِنِين يِلْقَاك!

يَا قَدَري وحَيَاتي

يَا غَايِتي ومُرَادِي

بَحلَم بيك

وبَحلَم بِدُنْيَا جَامعَاك

****

لِيه يَا عَقلِي تَعَذِبني مَعَاك

تَخَيِّرني، تَحَيِّرني وتَأَلِمني مَعَاك

مَا قَلِبِي هُو اللي اختَار!
وِفِي غَرَامَها هو احتَار!
وحَبَاهَا لِيل ونَهار

سِنِين وأَنا بَفَتِّش عَلِيهَا
مستَنِّي مِنين أَلاقِيهَا
قَلِبي مَعَاهَا طَار
ومِن الحَوَلِينَا غَار
وشاف عِينِيهَا واختار!

بَشتاق لِجمال عينِيهَا
لِسَلامَها ودَلالها وكلام عينِيهَا
أنا عَاشِق أنا مُحتَار
أنا قَلبي لِيهَا اختار
عَقلي مَعاها احتَار
يا قَلِبي، ابقَ اسأَل عَلِيهَا
كُل يوم، هُل سَاعة، كُلِّ مَا تَلاقِيهَا

يَا رَب اجمَعنَا بِدَار

يَا حافظ يا ستار

حبهَا جواي نار!

****

عَادَت مَرَاكِبنَا

بِالفَرحَة جَاتْ

وخَلّت دِمُوع

الفُرقَة تَهَدِنْ

مَالوَدَاع مَا وَدَاع

لَو نفُوسنَا شَايْلَة تَأنِن

عَدت هِنَاك

لِعَبرَت مُشتَاق

لحُسن الصِفَات

وضَحكَة مَلاك

فِي دُنْيَانَا فَنَنْ

وزَين رِضَانَا

وُعَدَّانَا فَات

وقَالِينَا عَاد

جَنَّةْ سَمَانَا

يَا نَاس تَحَنّنْ

شُوق بَحَار

رَحَال عَنَّاب

دُنياه كِتَاب

حُبّ وسَلام

في سِيمَاهُ بَيِّنْ

غَنِّي يا مُوج

بِأَعْلى صُوتْ

افرَح ودَندِن

ووَدِّع صَلاح

الكَانْ حِنَيِّنْ

مَالوَدَاع مَا وَدَاع لَو نِفُوسنَا شَايلَة تَأَنِّن

عَادَتْ مَرَاكِبنَا

بِالفَرْحَة جَات

خَلَّت دِمُوعَ

الفُرقَة تسلِّمْ

مَالْوَدَاع مَا وَدَاع
لَو مَالقُلوب بِصَفَاهَا تَكَلِّم

ذِكرَاكَ شُوق
دَايِمَ سَحَاب
وِسِطْ صُحَاب
وأَهلِ قُرَاب
بَاقِي وقَيِّمْ

بَتذَكَّر مَعَاك
صُحبَة طَريق
وفَرحَة عِيد
وجَيَت حَنِين
عَلِينا دَيِّمْ
عَطَّار شَبَاب
نَسْمَةٌ وبَابَ
زُهُورُ تَشهَد
رَبِيع ورُوح
عَبِير ونسِيمْ

118

عَدِّي يا شُوق

نَادِينَا فُوق

وذَكِّرنَا يُوم

نَنْسَي الوَدَاع

والحُبّ يلَيّمْ

مَالوَدَاع مَا وَدَاع

لَو مَالقُلوب بِصَفَاهَا تَكَلِّم

****

أنا الأسمر المنادي

أنا مَن في حبها أعادي

أنا من في قلبها أحادي

وفي كلامها الحبّ الشادي

وفي سُبلها ودربها الحادي

من أنا؟

أنا من يحبها

فقلبي مترف بها

كالقمر في ليلها

والنيل في سيلها

والعـود في نغمها

والبلبل في نطقها

والعطر في أسيلها

والكحل في عينيها

والحجل في رجليها

والرسم في كفيها

من هي؟

هي مَن أحبها

هي في الغرام الحرب

هي في الدمع الدرب

هي في السلام الرقه

وفي الكلام الصدق

وفي الإحسان الرفق

وفي الصباح البرد

وفي المساء الدِفء

وفي اللِّقاء البدر

وفي الفراق المسك

مَن هي؟

هي شـوقي وصبري

هي حبّي وعطري

هي لا تُنسى أبدًا

في كلِّ عمري.

****

مع إنك كنت معاي جافي

ما عرفت الريدة إلا معاك

منا قلبي معاك كان حاسي

وشاف الطيبة اليجواك

ما تبقى حبيبي قريب ودافي

ما الحب شوقه ما بينساك

واتذكَّر إنه الودّ شافي

والمترف هو الخلاك براك

وما تقول الحب

ما الحب قاسي

والدنيا معاك حتستناك

ما برضو حكون معاك ماشي

بس وحياتك ما حنساك.

****

يا زهرة الفردوس

اشتقتُ للقياكِ

أتدرين أنني أبدًا

لم أنساكِ!

بل كنت بعيدًا

والحلم في سقياكِ

والعبق يجري ساحرًا رؤياكِ..

وعلى ضفاف بَحْركِ

تنسَّمتُ ذكراكِ

والليل والخيل

والنجم في مرآكِ

والشمس والظلُّ

والخمار يرعاكِ

والروح والعين

في الجمال تخشاكِ!

فما عدت أدرى

صدقًا كيف ألقاكِ!

أأغوصُ في بحركِ

وَصْولًا لعلياكِ

أم أقصدكِ شرقًا

في نوركِ الحاكي

والدمع يحنّ شوقًا

في بدركِ الحاني

تُيّمتُ بكِ

وبخُلقكِ الزاكي

وبحُسن الصفاتِ من ربيعِ صِباكِ

وبأصيل رِحمكِ ونقاكِ!

وبكرم العروبة.. فالإله سوّاكِ

واصطفاكِ!

فيا بدرَ الزمانِ، ما أحلاكِ!

صدِّقي نفسي..

فالروح لن تعشقَ سواكِ..

والقلب يحنُّ ويدعو الله ليرعاكِ.

****

شُفتَكْ لَمَّنْ كِبِرْتَا

تَصَدِّقْ حَبِيتَكْ أَكْتَر!

عِيُوْنَك يَا أَسْمَر أنتَ

جُوَّانَا تَزْدَانْ وتَزْهر

كَيْف نَبعِد مِن هَوَانَا

وجَمَالِك خَلّانَا نَسهَر؟

قَربْ وأَسْأَل عَلِينَا

لَو عَارف الحُبّ مَقدَرا!

أنتَ الغَالي عَلِينَا

زَي الصَّفِي الي تحَدَر!

جَرِب كَلام عِينِينَا

عَاجبَك حَالنَا المَأْثَر!

جَرَّبْنَا نَبعِد وننْسَى

نَشُوفَكْ نَرجَعْ نتذكَر

رُوحنَا في هَوَاك هَايمَه

شُوقْنَا بِزِيدْ ويَكتَر!

رِضَانَا فِيكْ ومُنانا

تَحلَى وتَندى وتَخدَر

تَسْأَل في الأَعَالي عَلِينَا

ونسِيمَكْ يِجِينَا أَعطَر

نَعاين في سَمَانَا

والقَمرَه عَلينَا تَظهَر

نَصفى فِي ضِيَاهَا

والعُمُر فِينا يِصغَر!

نَنْسِج فِي صَباحها

أَحلام عَاشق أَسمَر

كُلُو يِهُون عَلِينَا

إِلا بُعَادَك لِينَا

يا خي اسأل عَلِينَا!

غِيَابَك إوْعَاهُ يِكتَر.

****

أيا ليتني يا بلدي

كنت طائرًا في ربوعك

فأنا نفسي لا أدري

إن كنتُ يومًا معشوقَك!

فالحزن غِنى في عيونك

مِن نار سلت وعودك

من شَوقي لأيّامٍ

غازلتنا بسُكوتك

والحبُّ يزيّن خدودك

ما بالي لا أُفارقُ ذِكراك؟

ما بالي لا أراك؟

تقلّبنا على أحلامك

وصبرنا..

نحنُّ لعودك

فالفرح في لُقياك

والشوق بعد الفراق

لا ينسى أبدًا سطورك

فكم اشتقتُ إليك!

والحبُّ حنَّ إليك

فأنا منكَ وبين يديك

فغازلني، فإنّي اشتقتُ إليك.

****

دَايرَة فِينَا بِكُلِّ مَكَان

تَجمعنَا يَا نَاس جِبان

وكُلنَا نَهتِف في المَيدَان

لِيك يَا صَقرَ الجِديَان

صَقر فِي حِمَمَ الوِديَان

أَبَدًا مَا بِهَاب الجَان

تَلقَاهُ فِي البَرِدْ شَتيَان

وفِي السَّمَا فُوق تِبْيَان

عَلِّ يَا صَقرَ السُّودَان

فِي الأَرض مَلِك مُلْگَان

وعَلِّ يَا صَقرَ الجِديَان

فِي السمَا گَمَان وگَمَان!

اشْرَب مِن نِيلك يَا حُر

وعَلِّ فِي سَمَاكَ وَدُر

وسَدِّدْ فِي خُطَاكَ دُرَر

وحَافِظْ عَلَى گونك وَستر

عَلِّ جَنَاحك أنتَ حُر!

وشِـق الدُّنيَا مَجد وسُر

مَعَالكَ نِحنَ نَهتِف ونَمُر

ونَشـرَب مِن كَاسك حِلُـو مُر..

وعَلِّ ودُر وعَلِّي ونَوّر

فِي جِنَانك فَرَّحنَا وغُر

وعَلِّ ودُر..

وعَلِّ وثُور..

فِي سَماكَ فَرَّحنَا وزُر

زَاهِي تَاجَك فِي قلوبنَا عَلَم

مَجد وأخلاق وأَسْمَى قِيَم!

فِي شَبَابك ولآخِر نَسَم

حَنَهْتِف لِيكَ ونَزيد رَنَم

نِحنَ.. نِحنَ عُشَّاقَ القدَم

مَا تفَرّحنَا وتشِدّ الهِمَم

إِفريقيَا والعَالم والأُمَم

وتعُود لِينا بِالذَّهَب غَنِيم!

عَلِّ الهِمَم، مَجدُ وقِيَم

نِحْنَ عُشَاق كُرَةَ القَدَم

عَلِّ الهِمَم إلى القِمَم

نِحنَ عُشَاق كُرَة القَدَم

****

يا درَّةَ الجمال!

يا خرطوم!

غـاب عن لياليكِ

ذاك المجنون..

قيَّدته الظنون

وأحلام لن تكون!

وأصوات النحيب

والدموع..

وهتاف المفتون

على النيل يبكي

ضائعًا وحيدًا

حزينًا عزيزًا

ضعيفًا..

آثرَ السكون!

فالقلب مات

والعشق تاب

والحلم تبدَّد

وتنصل على بساطٍ..

ليشهد الفراق..
كم مفتون مغلوب يُعاني!
نسيَ المعاني
وقلَّ الكلام!
ضليل الطريق
تغزوه الظُّنون!

****

يا مراكب عدي.. وعدِّي!

وعلى نيلك شيلي وودِّي

أحزان تاخدنا ونبكي..

ولا شـوق فينا يوفِّي

لا حنان جوانا يكفِّي

نامت في عيونا تشفي

لا عرفنا دموع النيل

رسيانة ولا تدفي!

ما الليل جوانا طويل

قمره في شفانا ترثي

ويا طير أنت الفينا

ما مداك لينا يرفي

عاين في سـمار النيل

لو شـايف فينا مطفي

ونادي الروح الفينا

بجمالها الخير بيصفي

ونرجع من تاني معاها

نفرح وكمان نرسي

والشـوق الفينا ليك

يصبّح وكمان يمسّي

ويا مراكب عدِّي.. وعدِّي!

وعلى نيلك شيلي وودِّي.

****

عَلِّ يا طير وورينا جمالك

افرح وغنِ واهدينا سلامك

وسِهّرنا معاك بضمة حنانك

إنتَ الجمال والمعاني مكانك

أبدًا ما عرفنا الحب إلَّا فِيك

فهمنا الغرام وسمعنا كلامك

افردْ جناحك وانسَ ملامك

وورينا الكمال الفي قوامك

وكل لون بفرد جنانك

أبدًا ما فهمنا الغرام إلَّا فِيك

يا حنين بجمال خصامك

شوقنا كله في خصالك

في أدب زانك وصانك

وسكن جوار فرعة بانك

أبدًا ما سكنا الشوق إلَّا فيك.

****

من جمال الحور شايله كل الحلا

حلوة وسمرة سمار ما في زيها

شوقي في عينها زي كحل الصِبا

لي بدر التمام في ليلة صِفا

وفي جمال فاها حمرة شِتا

عنبا طراوته لي خدها

ومن جمال قوامها زاهي ثوبها

زي مدى النيل ورد حولها

وفي مشية غزال الشارع حقها

ملاك وسط العباد حايش جمبها

ما عرفتا الجمال وما عرفت اسمها!

أكيد روضة خيال هي ستها!

وفي أسمى الكمال دنيا اسمها

زي روعة حنان صباحنا والمسا.

****

راقصيني بعينيكِ

إن كنتِ فعلًا تعرفينني!

وقرّبيني.. وفي سبيل قلبي

ازداني وزينيني..

فشوقي في الوجدان، صدّقيني!

قد رتَّل حنيني.. فأعينيني!

فقلبي الآن لكِ وما عاد يعنيني

واشجيني من صوتك العذب

وخَمِّري وارويني..

وافهميني وطالعيني..

فرشقة عيني زانت تغويني

وكلميني بأي أمرٍ لكِ..

أو حتى اطلبيني!

فكل نفسي أيقنت وصاحت:

آنسِيني!

ولا تُبعديني..

فحسبتُ المرءَ

عِشرة سنيني

وافهميني..
واسقيني من كفّيكِ..
وسلّميني..
وتبختري في فيض عطركِ
وازهيني..
وعلميني رسمَ حروفكِ خجلًا..
وانقشيني..
وودّعيني..
فشوقي إليكِ.. وللقاءِ حنيني.

****

غلبتا معاك يا أسمر

غلبتا أفكر وأتذكّر

غلبتا أشتاق وكمان وأسهر

منا عايش دنيا من دُونِك

ما بُعادك مِني جنَّني

مناي بس كان تَفهمني

معقولة أفضل مستني!

ما تسمع مِني وكَلمني

ما الغرام كلُّه أخد وعَطا!

وكِلمة حَنان مِنك غَطا

وتَبقى ليالينا كلها فَضفضة

وحُبّنا يِعيش في الفَضا

وألاقيكِ وأشوفِك يا قمر

وجمالك أشوفُه زي القدر

وأدعي ربنا كل العمر

أبدًا.. أبدًا ما تشوف الشر!

وتاني أقوليك يا أسمر

غلبتا معاك يا سُكر

غلبتا أفكر وأتذكر

غلبتا أشتاق وكمان وأسهر

ما عايز دنيا من دُونِك.

****

أنتَ وينك يا غالي؟!
خلاص هنتا عليك في يوم!
وهان عليك حالي..
وأنتَ على حاري
وابتديت لقلبي وجع تزيد
قلت اذكّرك بالليالي!
وبس في خاطري يوم أجيك
وأدوقا ليك!
ما مبالي..
خلاص بقيت عنيد!
عشان زعلتا يعني تقفل بابي!
وأهون عليك
تسيبني وحيد
أعد في الليالي
وشوقي ليك
يومي بزيد
وأنتَ عنيد ولا داري!
الحزن عاميك

ظالمني معاك

عشان بحبك

وبغير عليك

وبخاف عليك..

ما تزعل أنا القلبي

أبدًا حب ما نسيك.

****

على ظلال الشـوق كبرنا

أنتِ وأنا معًا سهرنا

نتهامسُ الحبَّ فرحًا

وشـوقًا لدقَّاته..

وصبرًا..

ودفئًا لرقص سـهراتِه

كم من ليالٍ قطفناها!

أحببناها وأكملناها

كنَّا دومًا معًا

كنَّا سحرًا معًا..

أتذكرين تلك الليلة والنجوم؟!

ونجمكِ هلَّ

والحب فينا تحلَّى!

وفي ليلكِ تجلَّى!

وتكلَّمنا وحلمنا يومًا..

بجنَّة تجمعُنا دومًا

ونسمة النيل تسمعُنا

تلامسُنا حبًّا وتشرحنا!

وكنَّا.. وكنَّا...

وكبرنا!

وفي سمائنا نتغنَّى

أراقصُكِ حبًا وفنًّا

يمينًا ويسارًا نتمنَّى!

وغصنكِ فيَّ انحنى..

شوقًا وعشقًا يتغنَّى

ونتهامسُ الحبَّ فرحًا

وشوقًا لدقَّاتِه

وننادي الفجر بأحلى

كماله وصفاته!

ونغازلُ الصبح معًا

بأحلى كلماتِه

وعلى ضفافِ النِّيل

نبني جنَّاتِه..

وعلى ضفاف الشوق نتغنَّى

أنتِ وأنا معًا كبرنا.

****

145

عايش معاكِ وشايف هواكِ
وكيف يعني لو أنساكِ؟!
تبعدي بعيد
ليه وحيد وأنتِ الغرام؟
وهو بعد الحب كلام؟
عرفتُ الحب في دنياكِ
وفهمتُ الريده في جفاكِ
وبقيتُ في اسمك
وحياتك بنادي
وبنسى نفسي.. وحتى ذاتي!
بس بحبك..
حَقولها ليكِ!
وأفضل أحبك
وآهاتي بيكِ.

****

عايش معاكِ وشايف هواكِ
وكيف يعني لو أنساكِ؟!

قربي تعالي ورينا هواكِ

وانسي اللي فات..

وهو الفراق ألمك براك؟

عشتا العذاب ألما شفاني

وقلت الزمن زاد وبلاني

وبقيت وحيد وإنسان أناني

معقولة بس أسيبك تاني؟

حرجع أحبك وحقولها ليكِ

وأفضل أحبك وأهاتي بيكِ!

عايش معاكِ وشايف هواكِ

وكيف يعني لو أنساكِ؟!

******

جاي أقول ليك

وأبوح ليك

عن حب جوايا

شايله ليكِ

أبدأ من وين

وأحكي ليك؟

وبس أكون

خلاص بحتا ليك

ما أنا الكنتا مستنيك

تعايني لي ومرة أجيك

وأسلّم باسمك وأناديك

وتعرفي حبي قدرُه فيك

وشوقه وغرامه لعينيك

وأقرب منكِ ومن فريقك

وطول العمر أبقى رفيقك

ويوم بيوم أكون قريبك

وأهديكِ حبي وأريدك

وأفرح معاكِ كُل عيدك

وأشـوف الدنيا في جمالك

زهرة حلوة في ألوانك

حمرا زي لون شفايفك

وبيضا في فستان زفافك

ودنيا أعيشها في كفافك

وأشـوف غرامنا في أولادك

نجوم عابرة من كتابك

وفيها أشـوف كمان حلاتك

ويوم بيوم تزيد غلاتك

وأحمد ربنا أنعم وجابك

ما أنا الجاي أبوح ليك

عن حب جوايا

شايلُه ليك.

****

يا أختي الحنينة

الشـوق والله غلبنا

يا أحلى يُسر

عـايش فينا بسـمة

وكل صفاتك عابرة

فينا دروب مُتْرَسِمَة

ومن جنـان الأخوة

الله جابك لينا قسمة

وأنتِ الفينا دايمًا

في الأهل حب مُتَّسِمَة

وفي سلام الشـوق لينا

ديمًا ضِحكتك مُتَوَسِمة

وجمال اليسر فيك

شـايلاه ومتحَزِمَة

والسمار كتبوه فيك

وبالتوب فرح متحَشِمة

والنيل شـافوه فيكِ

من فروعه مُنحَسِمَة

وفي قلوب الزينين

أنتِ دايمًا نسمة

شـوقنا ليكِ بحر

وفي السـما مَسـمَى.

****

هي القطرة المُرماة في بحر الحياة

حبٌّ وشـوق وتحدٍّ

وامتحانٌ في حُبِّ الإله

صديق وقريب نقفُ معه

عمل وجد وتعب وخذلان

وأحلامنا ننسجها

وبالإرادة نُنشدها

وكل يوم نذكرها

وفي الرِّحلة نضحك ونبكيها

وعند اللِّقاء

وما أحلى اللقاء!

وما أجمل السماء!

والنجم والقمر والشمس سواء

والجمال والكلام والسلام غطاء

والموج يداعِبنا

للأعلى والأسفل يأخذنا

والود والحبُّ يجمعنا

والبُعد والشوقُ يسمعنا

والدنيا لا تفرّقنا

يدي ويدكِ متشابكان

نصفي ونصفك متحدان

والزهور في بيتنا تزدان

والفرح دومًا يرافقنا

في دنيتنا وجنتنا

فأنت يا سيدتي

أجمل ما في الحياة.

****

ما لكِ عَليًّا، سايبني بعيد يا آسي

تزيدي في ذنبي وليا عناد تجافي

تحرميني مِنّك وأنا ليكي الموافي

وتخليني وحيد

قلبي في سماهُ يقاسي

ما عرفتا أعيش الدنيا معاها أعاسي

وأنتِ البعيدة مني، بعد كنتِ المواسي

وقلبي معاك كل يوم يزيد ويحاسي

وبعدَين منك

ظلمك عليَّ ده ما كافي!

شوفي الروح الفيني، وكيف بقت تساسي

وكيف بعادك حرمني من حضنك الدافي

والفراق غلبني وغلب شعوري وإحساسي

وريني بس

منك كيف أمسك أنفاسي؟

****

آهٍ منكَ ومِن أحلامي!

آهٍ منكَ يا قلبي ونبضي وحناني!

آهٍ منك يا بدري

وعمري وقمري..

ومجراتي وأنسامي!

لو كنتُ أدري أنَّ الشوق طويل في ليلٍ أنتِ فيه

لنمت قبل أن أرى عينيكِ

لو كنتُ أدري أن نبضي ضعيف عند رؤية عينَيك

لقتلتُ قلبي كي أحيا وأنساكِ.

لا أدري مَن أنتِ؟

ومَن أنا؟

وفي أيِّ دنيا سأراكِ!

يا أغلى ما في حياتي!

كيف لي أن أعيش؟

وكيف لي أن أهوالكِ؟

كُلَّ عام وأنتِ بخير

كُل عام وجمالك يَسرِقُ أحلامِي وعَيني

كُل عام وإشراقةُ وجْهِكِ تُلامِسُ قَلبي ويدي

فأنتِ الآن شبابي وعمري وكل ما لديَّ

وحِيّ لكِ فقطِ..

فقد أدركتُ.. أنَّني أحبُّك حبًّا يُضاهي كُلَّ شيء!

هو حبٌّ كالنسمة والرسمة والبسمة معًا..

نسمة شبابك

ورسمة جمالك

وبسمة محياكِ

أحببتكِ جريئة

فأنتِ كالدُّنيا

سعيدة بكُلِّ ما حولك!

إنّي أراكِ روحي الَّتي أتمنَّى أن أكون فيها!

أنت عالمي وقوتي..

أنت حريتي وإحساسي..

أنت الجمالُ..

أنت الخيرُ

أنت ما أتمنَّاكِ.

****

صباحك يا قمر الحلوين..

نور وطيب من قلبك

سلامنا يا روح الزينين

شوق تايه في حبِّك

وصفك والعيون صادقين

تايهة في جمالك وحسنك

والدمعة فينا، دمعة حنين

مشتاقة لبحرك وحضنك

محتاجة لي نسمة رزين

وضحكة تشرح صدرك

صباحك يا أجمل خيال

في القلب ساكنة دربك

سهرنا لشوق المَنال

حلم يستاهل قدرك

والكلام فيك مُحال

يقدر ينهي سَطرك

والبلاغة فيني سجال

تشرب ساسك ونُدرك
ومهما ضَرب الحِيال
قَلبي راضٍ بفَطرك.

****

أنت كون ومشاعر وإحساس..

معاك بحس إني مرتاح وأجمل..

جواي ليكِ حُب وأشواق

مناي بوجودي جمبك.. تقبل!

لو الغرام فيك عنده قياس

حاسب حُبي ليك أكتر وأكمَل!

بحبك بس ما زي كُل النَّاس

حُبك جواي كُلّو شجن.. وأمل.

****

كيف يطول البال وجمالها غلبني؟

وفي عيونها بميل والشوق يملكني

كم مرة في اليوم خاطري يغلبني

وأسمع قلبي ينادي: يا عاشق ابعِدني!

خلاص سلمتا وراضي ببعادها

حَبعد منها وفؤادي ليها بإرادة

ما حَناديها..

ولا حَعاندها..

بحبها بس

خليها تختار الفي مرادا.

****

تذكَّر، قوتك من دون عقلك لن توصلك إلى خط النهاية

فالنصر لا يفرِّق بين الأقوى والأضعف

لكنَّه حليفٌ لِمَن يصل إلى الراية أولًا!

كُن حَذِرًا دومًا

كُن الأسرعِ دومًا

وتمتَّع عند مشاهدتهم خلفك!

كيْفَ لي أنْ أسعِدَكِ

وأَنَا أَغِيبُ عِندَ حَرِيقك وَبِريقكِ؟!

حَرِيصٌ عَلَيكِ

وَلَكِنّي أَخَافُ أن أعَادِيكِ

فَقَد أَحِيدُ عَن طَرِيقِي!

مُتَيَّمٌ بِكِ

وَلَكِنّي أَخَافُ أن أضِيعَ في ماضِيكِ!

فَلْنَكُن مَعًا

وَلْنَبْدَأ..

وَعِنْدَ النِهَايَة ألتقِي بكِ!

ها قد بدأنا.. ولن نرجع!

لقد استعددنا لهذا اليوم

سنمضي معًا

ها هم! انظرْ حولك..

فكلٌّ منهم يريد الطريق له!

لا تخَف!

لا تضطربْ!

أرِهم مَن نحن..

دعِ الطريقَ يحترق؛ لنُسرع معه..

أسرعْ!

انظُر في الأفقِ البعيد..

تذكَّر كُلَّ منحًى..

كُن معه ولا تعانده..

أسرعْ!

فإنَّ القمَّة لشخص واحد!

عشِ اللحَظةَ لأبعدَ ما يكون!

دَعهم كلَّهم يعيشون معك شغفك!

متِّعهم، وأشعِل نيرانَ الحلبة..

انتهزِ الفرصة أو اصنَعها..

يجبُ أن تصلَ!

حاورِ الطريقَ..

تذكَّر تدريباتك وكُل ما تعلَّمته..

إنَّها اللحظة!

راقِص طريقَك ودعِ الليلة تحترقْ..

أسرِعْ!

فلنكُن معًا دومًا..

تُواسيني وأواسِيك

فأنت كُلُّ ما عندي في هذا العالَم!

كبرنا معًا وعِشنا معًا

قد تعلَّمتُ الصبرَ منك

فكنت لي دومًا أملًا!

تسعِدني رؤيتك..

يُعجبني صوتك!

ما أجملَك!

أنتَ في الليل ضياء!

وفي الصباح أجمل فضاء!

لا تستسلم! لا تقف!

إنَّها مجرَّد حلقة ستنتهي..

لا تكترثْ لهم.. أسرعْ فقط..

إن حاولوا مضايقتك حطِّمهم..

كُنِ الصيادَ ولا تكُنِ الفريسة!

انصبْ شرَّك لهم وانتظِر!

اصبِر وتعلَّمِ الصمتَ؛ فهو سلاحك.

يجبُ ألَّا تَحيد عن هدفك..

انسَ أحزانَك ودعِ الماضي بعيدًا..

عشِ اليومَ وفكِّر في المستقبل!

بإمكانك أن تُحدِثَ الفارقَ

بإمكانكَ أن تصل!

ما بكَ؟ تذكَّر مَن أنت!

لا تبتعِدْ عن متاعبكَ، واصنعِ الفارق بالحلِّ!

استعدَّ دومًا للصدمات..

فالطَّريقُ قد يغدر بك!

لا تغترَّ بنفسك.. فالهدف واحد!

الكُلُّ يريد أن الامتلاك!

هل تريدُ أن تكونَ الخاسِر أم المنتصر؟

هل أنتَ متلهِّف لفرحة النصر؟

أم تسعى وراء حزن المهزوم؟

أنتَ في تحدٍّ.. أسرِعْ!

لن أنصحَكَ أن تأخذَ الطَّريق الأسرع لهدفك!

ولكنّي أثقُ بتقديرك..

فكِّر وارسمْ طريق نصرك..

شاهدْهم، اسمعْهم وافهمْهم..

خُذِ النصيحةَ مِن أصدقائكَ..

هم الأقرب إلى قلبك..

حاولْ وجرِّبْ فكُلُّ النجاح مبنيٌّ على الفشل..

والفشلُ تجربةٌ لا أكثر ولا أقل!

والنجاح تجربةٌ، ولكنَّها متّسمة بالأمل!

أسرِعْ! الهدفُ قريب!

ينتظرُكَ لأخذه..

كُنِ الأسرعَ!

كُنِ الأوَّل.

******

165

سألتك يا قلبي عن الغرام يومًا فحدثتني

وتركتني في بحري، أزدادُ شوقًا وآلمتني

ورأيتني في نارٍ وضربٍ، وذنبًا أسمعتني

وكويتني حبًّا، وأسقيتني مرًّا وأجبتني

وعلَّمتني الغرام درسًا وبه أوجعتني.

****

اللَّهُمَّ صَلِّ وسَلِّمْ عَلَى المُصطَفَى

سَيِّدِنَا مُحمَّد بن عَبدِ الله

مِن عِندِهِ سَطَع نُورُ الهُدَى

للإسلامِ دَاعِيًا مُرسَلًا

ولأَشرَفِ الأَنبِياءِ هُو خَاتَمٌ

صَادِقٌ أَمِينٌ مُقتَدى

اللَّهُمَّ صَلِّ وَسَلِّم عَلَى المُصطَفَى

سَيِّدِنَا مُحَمَّد بن عَبدِ الله.